QT 이렇게 하라

QT이렇게 하라

지은이 | 이상규
초판발행 | 2005. 9. 5.
20쇄발행 | 2017. 4. 18.
등록번호 | 제 3-203호
등록된 곳 | 서울시 용산구 서빙고동 95번지
발행처 | 사단법인 두란노서원
영업부 | 749-1059 FAX 080-749-3705
출판부 | 794-5100(#344)
인쇄처 | 아트프린팅

▌독자의 의견을 기다립니다.
tpress@Duranno.com   http://www.Duranno.com

큐티 28

두란노서원은 바울 사도가 3차 전도 여행 때 에베소에서 성령 받은 제자들을 따로 세워 하나
님의 말씀으로 양육하던 장소입니다. 사도행전19장 8-20절의 정신에 따라 첫째 목회자를 돕
는 사역과 평신도를 훈련시키는 사역, 둘째 세계선교(TIM)와 문서선교(단행본ㆍ잡지)사역, 셋
째 예수문화 및 경배와 찬양 사역, 그리고 가정ㆍ상담 사역 등을 감당하고 있습니다. 1980년
12월 22일에 창립된 두란노서원은 주님 오실 때까지 이 사역들을 계속할 것입니다.

QT 이렇게 하라

큐티도사 이상규 목사의 QT론 완결편

두란노

contents

3부 묵상의 골짜기

4부 이제 가나안으로

프롤로그

요즈음은 그야말로 출판의 홍수시대다. 인터넷은 또 어떤가. 최첨단 정보들을 따라잡기에 우리의 숨이 턱에 찬다. 현란한 문명의 불빛과 전문가들의 가르침이 가득 찬 이 시대는 여하튼 축복된 때다. 그런데 이렇게 좋은 시대 속에서 당대 최고의 문명지였던 갈대아 우르에서 깊은 회의에 빠져있던 아브람의 탄식과, 밤이 맞도록 수고를 했음에도 고기 한마리 못 잡은 갈릴리 바다의 전문가 시몬의 탈진한 한숨소리를 너무도자주 듣게 된다는 것은 이상하지 않을 수 없다.

그것은 어쩌면 정작 한치 앞을 내다볼 수 없는 유한한 인생을 사는우리에게 최선의 삶이라고 여겨지는 걸음을 내딛기 위해 중요한 것은최첨단 고급정보가 아닌 하늘의 음성이라는 것을 증명하는 것은 아니겠는가.

그래서 아브람은 오직 "여호와의 말씀을 좇아"(창 12:4) 갈 바를 모르고 가는 길을 담대히 갈 수 있었고, 시몬은 고기가 있을 리 없는 그 시간 그 깊은 곳에 오직 '예수의 말씀을 의지하여'(눅 5:5) 일생일대의 그물을 내릴 수 있었을 것이다. 그러기에 또한 아브람(Abram)은 저 가나안땅에 갈대아 우르보다 무한히 위대한 문명의 초석을 세우는 아브라함(Abraham)이 되었고, 시몬(Simon)은 자신의 전문성의 지고한 이상을 성취해 새로운 시대를 낚는 베드로(Peter)가 되었던 것이 아닌가.

그러므로 나는 우리에게 요구되는 모든 좋은 지식과 정보는 이 시대의 탁월한 전문인들의 작업에 맡기고, 내가 할 수 있는 작은 몫에 나의 모든 힘을 쏟으려 한다. 그것은 이 책의 모든 초점을 QT를 통해 날마다 우리에게 임하시는 주님의 말씀을 듣고, 아브라함과 베드로처럼 위대한 구원사의 여정을 매일의 평범한 일상 속에서 비범하게 살아가고자 하는 분들을 대상으로 하겠다는 것이다. 하지만 참으로 이 책이 독자들께 필자가 의도한 대로의 도움을 줄 수 있을지는 장담할 수 없다. 오직 주님의 은혜를 바랄 뿐이다.

2005년 여름
Colorado springs에서

더 깊은 세계를 경험하게 하는 QT

이상규 목사님은 QT로 제2의 인생을 살고 있습니다. QT는 그의 삶을 변화시켰을 뿐만 아니라, 다른 사람들도 새로운 차원의 삶을 살고자 하는 열망을 안겨 주었습니다.

그간에 두란노 바이블칼리지와 로뎀의 집 사역을 통해 그는 목회자가 QT를 통해 얼마만큼이나 자신을 새롭게 할 수 있는지를 보여주었습니다. 온누리교회 사역을 통해 QT하는 설교자가 말씀으로 성도들의 내면을 하나님의 성소로 변화시킬 수 있음을 보여주었습니다.

그는 늘 안식과 치유와 능력을 경험하는 영적 감격을 알리는 데 가쁜 발걸음을 옮겨 왔습니다. 그리고 지금은 새로운 도약을 위해 안식년을 갖고 계십니다. 지금까지 말씀 묵상으로 자신이 채워지고, 남을 부유하게 했다면 이제는 더 깊어질 이 목사님을 저는 기대합니다.

QT는 성경공부가 아니라 살아계신 하나님이 이 시대 우리를 찾아오시는 생생한 체험입니다. 「에덴의 삶을 회복하는 QT」 이후에 새로운 책을 집필한다고 했을 때 저는 이 목사님의 성숙만큼이나 더 깊어진 QT론을 기대하는 마음으로 흥분되었습니다.

이 책은 바른 QT가 무엇이고, 목회자는 물론 평신도 사역에서도 핵심을 이루는 QT사역은 어떠해야 하는지 재해석해 줍니다. 그의 QT론에는 빠질 수 없는 두 요소가 있습니다. 바로 십자가의 예수님과 성령이십니다. 이러한 이 목사님의 새로운 QT론으로 한국 교회가 더 깊은 말씀의 세계로 들어갈 수 있기를 기대합니다.

하용조/ 두란노서원 원장

추천의 글

말씀 묵상은 영성 생활의 기본입니다. 깊은 영성을 위해서는 기본에 충실해야 합니다. 기본에 충실한 말씀 묵상 사역자는 우리들의 영혼의 멘토이며, 영혼을 위한 코치입니다. 기본에 충실한 이상규 목사님은 말씀 묵상을 안내하는 영혼의 멘토이며, 영혼을 위한 코치입니다. 이 목사님이 이번에 출판하는 「QT 이렇게 하라」는 말씀 묵상의 기본에서 시작해서 우리를 말씀의 깊은 지성소로 인도해 줍니다.

"말씀을 연구하지 말고 말씀으로 임하게 하라."는 반복되는 가르침은 QT를 하는 사람들이 가슴에 새겨야 할 가르침입니다. 성경 공부를 위해서는 말씀을 연구해야 합니다. 그러나 QT는 성경을 연구하고 분석하는 것을 넘어 성경을 양식으로 먹는 것입니다. 말씀을 통해 하나님의 음성을 듣는 것입니다. 그런 까닭에 말씀을 우리 이성으로 분석하며 연구하는 것보다 우리 영혼의 양식으로 먹고, 말씀을 통해 하나님의 음성을 듣는 것이 말씀 묵상입니다. 말씀 묵상은 주님의 말씀과 깊은 사랑에 빠지는 것입니다. 사랑 안에서 깨닫고, 사랑 안에서 변화되는 것입니다.

이 목사님은 말씀 묵상에서 성령님의 인도하심을 지속적으로 강조하고 있습니다. 성령님이 머물게 하시는 말씀에 머물고, 성령님이 깨닫게 하시는 것을 깨닫는 것이 QT입니다. 또한 성령님이 주시는 깨달음을 기록해서 적용하는 것이 QT입니다.

이 목사님은 말씀 묵상을 통해 우리를 십자가 앞으로 인도해 줍니다. 그래서 이 목사님의 QT는 십자가를 향해 있고, 구속사에 뿌리를 박고 있습니다. 단순하면서 깊이가 있고, 단순하면서도 말씀 묵상의 전체를 보여주는 이 책을 말씀 묵상 학교에 입학한 모든 분들에게 추천하고 싶습니다. 특별히 이 목사님의 말씀 사랑, 예수님을 닮은 인격, 성령님께 생애를 드린 헌신을 통해 쓰여진 책이기에 이 책은 정말로 값진 것입니다. 그런 까닭에 이 책을 존경과 사랑을 담아 말씀 묵상을 사랑하는 분들에게 추천합니다.

강준민 / 동양선교교회 담임목사

1부 마음 준비

QT 안에 있는 비밀

QT 속에는 비밀이 있다. QT의 시공간 속에는 한 개인의 일상과 생애 그리고 인류의 역사를 새롭게 할 신적 능력과 전략들이 있다. 왜냐하면 QT란 하나님의 임재를 경험하는 영적 기술이며, 하나님의 깊은 것과 통하게 하는 성령과의 대화이고, 그리스도의 장성한 분량으로 우리의 존재를 형성시켜 주는 영성훈련이기 때문이다. 개인적으로도 QT는 내 생애의 구름기둥이요 불기둥이었다. 내 삶의 여정은 QT 속에서 산맥을 넘었고 깊은 강들을 건넜다. 좌절과 침체의 늪 속에서 허우적거릴 때 내 손에 잡혔던 구원의 밧줄은 언제나 QT였던 것이다.

그러나 사과에 관한 수백 페이지의 논문이 빨갛게 익은 사과 하나

QT 안에 있는 비밀 | 15

를 한입 베어 물고 맛보는 것에 비할 수 없듯이, 이쯤에서 내가 체험한 QT를 소개하는 것이 앞으로 계속될 QT에 관한 이야기들을 이해하는 데 실질적인 도움이 될 것 같다.

허를 찌른 뜻밖의 말씀

10여 년 전이었다. 그해 12월, 한창 크리스마스 분위기가 무르익어 가던 어느 날 아침이었다. 그날 QT 본문은 동방박사들이 아기 예수께 와서 경배하고 예물을 드리는 내용이었다. 준비기도 후 조용히 본문을 읽으며 주께서 오늘 내게 무어라 말씀하시는지 귀 기울이고 있을 때 다음과 같은 주님의 음성이 마음에 들려왔다.

"동방박사들은 내게 아무것도 얻을 것이 없음에도 불구하고 자신이 드릴 수 있는 가장 좋은 예물을 가지고 내게로 왔다. 그 위험하고도 먼 길을, 오직 나를 경배하기 위해서 말이다. 그렇다면 너는 이번 크리스마스에 너의 무엇을 가지고 내게 경배하겠느냐?"

뜻밖의 말씀이었다. 매복한 적으로부터 허를 찔린 듯한 느낌이었다. 말씀이 상당히 부담스러웠다. 이번 크리스마스엔 내가 소유한 것 중에 가장 소중히 여기는 어떤 것을 잃을 것만 같은 두려움이 엄습해 왔다. 순간, 나의 마음은 재빠르게 상당한 액수의 크리스마스 특별헌금을 드릴 구상을 하고 있었다.

그러나 양심은 그것이 간교한 속임수임을 경고하고 있었다. 피할 길이 없었다. 그렇다면 과연 내가 소유한 최고의 것은 무엇인가? 그때 아주 선명하게, 그것이 다름 아닌 '박사학위'라는 것이 드러났다! 순간

내 입에서는 "이것만은 안돼!" 하는 깊은 신음이 흘러나왔다. 왜냐하면 당시 나는 두란노서원에서 강의하면서 학위의 필요성을 절실하게 느끼고 있었기 때문이다. 더 솔직히 말하면 나는 학위가 주는 권위에 남은 생애 사역의 성패가 달렸다고 생각했다. 그래서 자나 깨나 유학을 갈 생각뿐이었다. 그야말로 학위는 당시 나의 절대가치였다. 그러니 그 학위를 예물로 바친다는 것은 장래의 모든 비전과 권위를 다 상실하고 그저 평범한 사역자로 전락한다는 것과 다름없었다. 지금 생각해 보면 장래 계획일 뿐인 학위를 예물로 드린다는 발상은 너무도 우습고 어이없는 것이다. 그러나 그때 상황 속에서 이 문제는 나를 고뇌케 했고 떨리게 했다.

한동안의 갈등 후에 결국 나는 아직 취득하지도 않았고 보이지도 않는 나의 학위를 두 손에 정성껏 들어올렸다. 그러고는 마치 동방박사가 예물을 드리듯이 실제로 그 자리에 엎드려 경배하며 그것을 아기 예수께 봉헌했다. 그렇게 엎드린 채로 시간이 흘러가는 동안 나는 어느새 동방박사들이 드렸던 그 경배의 세계에 들어서 있는 자신을 발견했다. 마음에는 이미 하늘의 평안이 임해 있었다.

참으로 놀라운 일이었다. 당시로서는 그 어떤 사람의 권면이나 사건도 결코 꺾을 수 없었던 학위에 대한 나의 야망과 집착이었다. 그것이 그 짧은 아침 QT에서 완전히 뽑혀 나간 것이다. 수도원에 피정을 간 것도, 수련회에 다녀온 것도 아니었다. 물론 작정금식도 없었다. 그저 하루하루 하던 평범한 QT였다. 그런데 그 QT가, 내가 아침에 눈뜰 때만 해도 전혀 예상하지 못했던 새로운 사건을 일으킨 것이다. 내 존재의 가장 깊은 곳, 내 사고방식의 중심축이 바뀌는….

새로운 QT로 떠나는 여행

그 아침의 QT는 여기서 그치지 않았다. 비록 남은 생애가 평범과 소외의 그늘에 던져진다 할지라도, 또한 예수는 아직 아기이신지라 당장 내게 무엇을 보상해 주실 수 없다 할지라도, 오직 그분이 주님이시라는 그 한 가지 이유 때문에 그분이 받으실 합당한 경배와 최고의 예물을 드렸던 동방박사들의 경배 속에 동참한 채 엎드려 있게 되었다. 그런 내 머리 위로 두 번째 주님의 음성이 들려왔다.

"네가 내게 학위를 바쳐 경배를 하였느냐? 앞으로는 내가 네게 임마누엘로 학위가 되어 주리라."

아, 그날 아침 들었던 이 한마디 약속의 말씀이 그 후 10년을 지나 오늘에 이르기까지 내 생애에 미친 영향을 어떻게 다 설명할 수 있을까? 나는 여전히 학위가 없는 평범한 목사다. 그러나 그 빈자리에는 언제나 주님의 그 약속이 거하고 있다. 그리고 주님의 그 말씀은 세월이 갈수록 내 삶 속에서 그 깊이와 넓이와 높이를 더해 가고 있다.

마태복음 1장에서 막 태어나 경배를 받으시던 그 아기의 이름은 놀랍게도 '임마누엘'이었다. 또한 마태복음 28장은 다시 태어나시듯 부활하신 주님의 '임마누엘' 약속으로 끝난다. 세상 끝날까지 그리고 나의 남은 생애 끝까지 임마누엘 하실 그 주님은 하늘과 땅의 모든 권세로 모든 민족을 가르쳐 제자 삼는 권세를 주시는 분이었다.

그러므로 외모로는 너무도 빈약한 무명의 내가 이 10여 년 동안 전국과 세계를 돌며 사역을 할 수 있었던 것은 오직 주님의 '임마누엘'의 은혜였다고 고백하지 않을 수 없는 것이다.

그렇다. 바로 이것이 내가 말하고자 하는 QT다. 오해가 없기를 바란다. 앞서 나눈 이야기는 결코 내 생애의 몇 안 되는 특별한 QT를 제시한 것이 아니다. 매일 하늘로부터 임한 말씀과 내 평범한 일상이 날줄과 씨줄처럼 만나 직조한 영원한 의미의 이야기들은 어제도 오늘도 끊임없이 계속되고 있다. 때론 생의 획을 그을 만큼 비중 있는 QT를 경험하는 날도 있고, 일상의 작은 한 면을 섬세하게 터치하는 QT를 하는 경우도 있다. 그렇지만 그리스도를 머리로 한 교회의 각 지체들이 그렇듯이 결코 그 어떤 QT도 우열을 말할 수 없다. 그 하나하나는 모두 나름대로 영원한 가치와 사명을 갖고 있는 것이다.

다만 한 가지 분명한 것이 있다! 그것은 살아 있는 QT 속에는 어떤 공통적인 원리가 있다는 것이다. 우리는 QT로 QT 되게 하는 그 심장과 같은 원리를 알아야 한다. QT로 QT 되게 하는 원리는 마치 씨앗과 같다. 그래서 "사람이 무엇으로 심든지 그대로 거두리라"는 말씀처럼 좋은 QT 원리를 받아들이면 좋은 QT가 나오고 조잡한 QT를 배우면 구태의연한 QT를 거두게 된다.

그러므로 나는 좋은 QT를 어떻게 할 수 있는지 앞으로 차근차근 이야기해 보려 한다. 또한 진짜 좋은 종자를 얻는 수고는 가치가 있듯이 이번 기회에 이제까지 익숙했던 본토 친척 아비 집과 같은 QT를 과감히 떠나 복의 근원이 되는 창조적 QT, 새로운 QT에 도전해 보라! 아브라함과 사라처럼 아이를 낳지 못했던 과거를 떠나 하늘의 별같이 큰 민족을 이루며 하나님의 아들, 왕 같은 제사장으로 성숙해 가는 QT의 새 땅으로 떠나 보라!

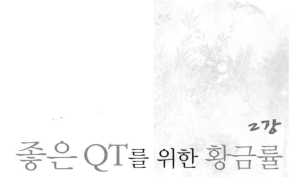

좋은 QT를 위한 황금률

나는 그간의 QT 사역을 통해 좋은 QT에 대한 다섯 가지 목표와 기준을 갖게 되었다. 우선 그 내용을 소개하면 다음과 같다.

첫째, QT는 하나님 중심(God-centered)이어야 한다.

QT란 "나의 원대로 마옵시고, 아버지 원대로 하옵소서"라는 예수님의 기도처럼 내가 원하는 말씀이 아니라 하나님이 말씀하시는 음성을 듣고자 해야 한다. 그럴 때 우리는 집요한 자기중심적(self-centered) 삶에서 하나님 중심(God-centered)의 영성으로 변화되고, 먼저 그의 나라와 의를 구하는 하나님 나라의 백성으로 성숙하게 된다.

둘째, QT는 그리스도다움(Christlikeness)을 추구해야 한다.

하나님 중심의 영성이 완벽하게 실현된 모습은 예수 그리스도와 그분의 생애다. 그러므로 우리의 신앙 생활이 추구해야 할 목표는 그리스도의 장성한 분량에 이르는 것이어야 한다(엡 4:13~15). QT란 이 목표를 이루기 위해 성령 안에서 깊은 묵상을 통해 내면세계가 그리스도의 형상으로 형성(formation)되기를 추구하는 영성 훈련(Spiritual exercises)이어야 한다.

셋째, QT는 성령의 주도권(Holy Spirit-leading)을 인정해야 한다.

우리를 향한 하나님의 깊은 계획들은 성령을 통해 알게 된다(고전 2:10). 또한 우리가 주의 형상으로 변화되는 것도 성령 안에서라야 가능하다(고후 3:17~18). 따라서 QT란 광야의 이스라엘이 오직 구름기둥과 불기둥 그리고 성막만을 따라갔던 것처럼 QT의 모든 과정을 성령의 인도에 맡기며 지성소의 깊이로 성령의 임재를 경험하는 것이어야 한다.

넷째, QT는 공동체 지향적(Community-oriented)이어야 한다.

QT는 그 유익이 골방의 내면적 영성으로 제한되어서는 안 된다. 교회와 이웃을 섬기는 빛과 소금이어야 한다. 이것은 QT가 소그룹 나눔 및 교회적인 QT 운동 등을 통해 공동체를 치유하고 살리는 생명 운동이 되어야 한다는 말이다.

다섯째, QT는 구원사(Salvation History)와 일상의 통합을 지향해야 한다.

QT는 지극히 개인적이다. 그러나 우리 일상의 일거수일투족이 오늘도 일하시는 하나님의 구원사와 분리되어서는 안 된다. 웅대한 구원사의 경륜도 오늘 내 몫의 헌신을 통해 이루어진다. 이것은 주기도문의 원리이기도 하다. 주기도문은 그 전반부(하나님의 지고하심과 위대한 하나님 나라의 도래)와 후반부(일상적 양식, 용서, 보호)가 기도하는 한 사람의 마음과 삶 속에서 하나로 용해되고 통합되기 때문이다. 따라서 우리는 언제나 하나님 나라의 큰 경륜을 의식하면서 QT를 해야 한다.

그런데 이상의 다섯 가지 내용을 읽고 난 느낌이 어떤가? 마치 모세오경을 대한 듯하지는 않았는가? 내용은 옳은데 감당하기는 벅찬 율법처럼 말이다. 그렇다. 그 느낌은 정확한 것이다. 왜냐하면 내가 제시한 것은 다 자란 나무와 결실한 열매의 모습이지 그것을 어떻게 이룰지는 아직 말하지 않았기 때문이다. 그렇다면 이제 어떻게 해야 앞에서 제시한 것과 같은 QT를 할 수 있을까? 답은 단순하다. 좋은 나무와 열매를 원한다면 처음부터 좋은 씨앗을 심으면 된다.

이와 관련해 생각나는 이야기가 있다. 캘리포니아 주의 세코이아 국립공원에는 높이가 무려 백여 미터, 둘레가 30미터 이상의 세코이아가 수천 그루 있다고 한다. 그중에는 수명이 3천2백 년에 이른 나무도 있다고 하니 상상력의 현기증을 느낀다. 그런데 또 한 번 놀란 것은 이 어마어마한 거목의 씨앗이 겨우 0.05그램에 불과하다는 것이다. 그러고 보면 씨앗 속에는 엄청난 힘이 있다. 0.05그램일지라도 일단 그 씨앗이 제대로만 심겨진다면 그 세코이아 씨앗 속에 있는 거목의 어마어마한 프로그램이 가동되기 시작할 것이다.

나는 QT에 세코이아 씨앗과 같이 엄청난 잠재력을 가진 원리가 있다는 것을 감히 말하고 싶다. 그리고 그대로 계속 QT를 해 가면 언젠가는 앞에서 제시한 다섯 가지 내용에 근접한 QT에 이르리라고 믿는다. 곧 "말씀을 연구하려 하지 말고 말씀이 임하게 하라"는 것이다.

QT에서 스스로 말씀을 연구해 자신에게 주시는 말씀을 찾고자 하는 것은 마치 이스라엘 백성이 애굽에서 애쓰고 수고해 '떡'을 얻는 것과 같다. 이에 반해 말씀이 임한다는 것은 출애굽한 이후 광야의 이스라엘에게 하늘에서 '만나'가 내려오는 것과 같다.

물론 수고해서 얻은 '떡'도 일종의 양식인 것은 분명하다. 우리는 그것으로 일할 힘을 얻고 생존한다. 그러나 그 '떡'은 진정한 생명을 주지 못한다. 우리를 하나님의 아들로 키워 주지 못한다. 오히려 자신이 획득한 그 '떡'의 노예가 되게 한다. 이 방식은 결국 수고하며 무거운 짐을 지고 피곤하게 살아가는 율법주의에 도달하게 된다. 그러므로 이런 식의 QT는 스스로 관찰한 새로운 사실이나 나름대로의 깨달음에 매이며, 자칫 그 지식으로 인해 교만해지기 쉽다. 이럴 경우 QT 나눔은 자신의 삶을 나누는 것이 아니라 거의 강의나 설교가 되고 만다.

그러므로 우리는 말씀이 임한다는 것이 무엇인지를 체험해야 한다. 말씀이 임하는 것을 처음 경험하는 사람은 매우 놀라며 충격을 받는다. 그것은 완전히 새로운 세계에 들어서는 경험이기 때문이다. 말씀이 임할 때에는 하나님이 내 생애에 관심을 갖고 개입하시며, 나를 돌보시고 인도하시는 주님임을 알게 된다. 스스로 성경을 해석하고 풀어 보려고 긴장하며 애쓰던 것과는 전혀 다르게, 말씀이 저절로 열리고 해석되는 듯한 경험을 하게 된다. 신뢰와 기다림, 맡김, 경청 등 전에는 자주 쓰지 않던 단어들의 의미가 가슴에 깊이 와 닿게 된다. 안식과 자유, 변화와 성숙이라는 말들이 삶의 키워드가 되리라는 예감이 든다. 맛보아 아는 세계이다.

이런 의미에서 우리는 출애굽한 이스라엘이 광야에서 자신의 수고를 통하지 않고 처음으로 하늘에서 임한 양식을 본 날의 놀람을 충분히 공감할 수 있다.

"이스라엘 자손이 보고 그것이 무엇인지 알지 못하여 서로 이르되 이것이 무엇이냐 하니 모세가 그들에게 이르되 이는 여호와께서 너희에게 주어 먹게 하신 양식이라"(출 16:15).

이스라엘은 이 첫 경험 이후 40년을 날마다 하늘에서 임한 양식을 먹고 살았고, 노예로부터 하나님의 아들로 변화되어 간 것이다. 그런데 이스라엘의 만나 체험을 잘 살펴보면 말씀이 임한다는 의미의 더 깊은 차원을 알게 된다. 즉 이스라엘에게 6일 동안 만나를 거두고 7일째 안식하도록 하신 것은 하나님이 말씀으로 6일 동안 천지를 창조하시고 7일째 안식하셨던 창조 원리를 가르쳐 주시기 위함이었다. 하나님으로부터 말씀이 임할 때 혼돈과 공허와 흑암은 에덴처럼 되었다. 하나님으로부터 말씀이 임할 때 아이를 낳지 못하던 아브라함과 사라는 복의 근원으로 재창조되는 위대한 구원사의 여정을 출발하게 되었다. 이 모든 것은 결국 이스라엘이 40년 동안 배운 것처럼 사람이 떡으로만 사는 것이 아니라 하나님의 입에서 나오는 모든 말씀으로 산다(신 8:3)는 원리로 집약된다.

그러므로 우리가 아침 QT에서 하나님의 말씀이 임하는 체험을 한다는 것은 하나님의 창조와 구원 원리의 심장부를 관통하는 것으로서, 우리의 그 하루가 말씀으로 새롭게 창조되고, 아브라함처럼 위대한 구원사의 여정에 합류하게 되는 창세기적 경험을 하는 것이라고도 말할 수 있는 것이다!

만약 우리가 이렇게 아침마다 QT 한다면, 하늘에서 임한 말씀 속에 담긴 감동과 지혜에 매혹당한 사람들의 깊은 묵상과 말씀 연구가 곳곳에서 일어나고, 거기서 깨달은 만큼 순종한 삶을 진솔하게 나눔으로써 사람들에게 새로운 생명을 일으키는 영적 회복이 일어나게 될 것이다. 이런 의미에서 QT는 에덴의 삶을 회복하는 하나님 나라 운동이라고 말할 수 있다.

새 QT는 새로운 패러다임으로

앞에서 우리는 "말씀을 연구하려 하지 말고 말씀이 임하게 하라"는 QT의 황금률에 관한 얘기를 나누었다. 그러면 QT를 통해 말씀이 임하는 체험이 풍성히 꽃피고 결실하게 하려면 어떻게 해야 할까? 그 해답은 이스라엘이 출애굽하고 광야를 거쳐 가나안에 들어갔던 구원 역사의 패러다임에 QT 전체 과정을 맞추는 데 있다고 생각한다. 그러나 이는 결코 성경의 역사를 QT에 꿰어 맞추려는 것이 아니라, 각자 나름대로 하고 있는 QT를 성경의 위대한 구속사의 여정과 리듬에 일치시키려는 것이다.

이스라엘의 구원 역사에서 계시된 그 패러다임(출애굽 → 광야 →

가나안)은 창세기 3장 이후의 인류가 회복되는 유일한 패러다임이다. 그 길을 따라갈 때만 우리는 구원받고 변화되며 성숙하게 된다. 예수님이 하신 일은 그 패러다임을 완성하신 것이다. 그러므로 우리는 구약과 신약 전체를 통해 계시된 "그 길"(the way)을 따라가는 영성 훈련으로서의 QT를 터득할 필요가 있다.

광야 훈련

그럼 이제부터 앞서 말한 새로운 패러다임의 관점으로 QT를 설명해 보도록 하자. 우선 QT란 조용한 시간과 장소를 정하는 것에서 시작되는데 참으로 우리가 '조용한'(Quiet) 시간과 장소에 들어갈 수만 있다면 하나님의 말씀이 임할 수 있는 최적의 영적 환경을 준비한 것이다. 그러나 과연 조용한 시간과 장소를 갖는다는 참 의미는 무엇인가?

'조용한 시간과 장소', 그 광야와도 같은 골방의 침묵 속에 들어가는 것은 일종의 출애굽(Exodus)이다. 그 골방에 들어가 문을 잠그고 휴대폰을 끄면, 일단 애굽을 떠나 홍해를 건넌 것이다. 이러한 출애굽적 결단은 여호와께서 "이스라엘은 내 아들 내 장자라 … 내 아들을 놓아서 나를 섬기게 하라"(출 4:22~23)고 말씀하신 것처럼 노예가 아닌 하나님의 아들로서 삶을 시작하는 것이다. 그러나 문제는 이제부터다.

분명 우리가 들어선 광야(골방, 조용한 시간과 장소, 침묵)에는 사람들과 정보와 일에 몰두할 수밖에 없도록 몰아붙이는 호령과 채찍은 없다. 그러나 광야에는 노예적 수고의 대가로 받던 인정과 떡 또한 없다.

그래서 '조용한 시간과 장소'에서 드러나게 되는 내면의 자아는 노예로 길들여진 자신의 두려움과 허기짐 때문에 떡을 구하며 인정받기를 애걸한다. 이때 '조용한 시간과 장소'로 방금 들어서서 하나님의 아들로서 자유를 배워 보려는 미숙한 우리는 내적 자아에게 줄 것이 없어 당황한다. 그러다가 내면의 노예적 자아의 원망에 못 이겨 골방 문을 열고 분주한 애굽적 일상으로 다시 돌아가야 할 것 같은 불안을 겪는다.

이처럼 '조용한 시간과 장소'에 익숙하지 않은 우리는 침묵 속에서 겪는 온갖 잡념과 염려, 무서운 심심함과 무력감 등에 어떻게 대처해야 할지 몰라 힘들어한다.

모세도 그랬다. 그는 당시 최대 제국 중 하나였던 애굽에서 왕자의 자리까지 경험한 사람이었다. 그러나 그 왕궁의 엄청난 권세와 풍성한 식탁 속에서도 하나님을 만나지 못했다. 그러다가 그는 광야로 가게 되었다. 처음에는 너무 힘들었다. 애굽에서의 기억에 시달렸다. 미래에 대한 염려와 무력감 때문에 견딜 수가 없었다. 그러나 그는 계속 광야에 머물렀다. 그곳에서 아예 가정까지 꾸렸다. 참으로 광야의 사람이 된 것이다. 그는 이미 애굽에 돌아가기를 포기했다.

그렇게 40년이 지난 어느 날, 모세는 그 충만하고 숙성된 침묵 속에서 계시되는 엄청난 사건을 목도한다. 호렙 산 가시떨기나무 가운데 불꽃으로 임재하신 여호와를 뵙게 된 것이다! 그 순간, 삭막하고 절망스럽던 그 광야는 순식간에 온 우주와 역사 가운데서도 가장 거룩한 땅으로 변했다. 모세는 거기서 하나님의 음성을 들었고 그 말씀을 통해 자신의 존재 의미와 사명, 앞으로 전개될 역사의 깊은 비밀들을 깨닫게 되었다. 그리고 그렇게 만난 하나님 때문에 그는 광야에서 나와 다시는 돌아갈 수 없을 거라고 생각했던 애굽으로 갔고, 거기서 전무후무한 역사를 새롭게 일으켰던 것이다.

그가 애굽에 돌아가 한 일은 무엇인가? 그것은 노예화된 이스라엘을 출애굽(Exodus)시키는 것이었다. 하지만 출애굽한 이스라엘은 이 낯선 광야를 견디지 못하고 두려움과 염려로 원망하며 아우성쳤다. 이 광야의 비밀을 알고 있는 모세는 그들을 계속 달래며 이끌어 결국 광야 깊은 곳, 호렙 산에 이르게 했고 거기서 자기가 만났던 하나님을 이스라엘도 만나게 한 것이다.

이스라엘은 그곳에서 가시떨기 하나가 아니라, 시내 산 전체를 불태우듯 강림하신 여호와의 위엄과 영광을 보았고, 혼과 영과 골수를 전율케 하는 하나님의 음성을 경험했다. 그때 호렙 산은 거대한 지성소 그 자체였다. 그리고 호렙 산에서 임한 말씀들은 이동하는 성막의 지성소 법궤 속에 간직되어, 예배 가운데 시내 산 체험을 이스라엘이 계속하도록 했던 것이다. 그리고 이러한 지성소 체험은 고대 근동 세계에서 지극히 비천한 노예에 불과했던 이스라엘을 왕 같은 제사장으로 변화시키며, 여호수아와 더불어 가나안을 향해 진군하도록 하는 위대한 역사를 창출했다.

나는 QT란 앞서 말한 모세와 이스라엘, 여호수아가 갔고, 더 나아가 예수 그리스도께서 가셨던 "그 길"(the way)을 날마다 체험하며 재현하는 것이라고 본다. 또한 예수 그리스도 안에 있는 신약 성도들의

QT 체험은 구약의 모세와 이스라엘, 여호수아의 구원 역사 체험보다 오히려 더 깊고 영광스러운 것이라고 확신한다. 왜냐하면 구약의 모든 것은 예표와 그림자인 반면, 예수 그리스도는 그 모든 것을 완성하신 분이기 때문이다.

이상의 내용을 조감도로 그려 보면 다음과 같다.

QT의 1단계	QT의 2단계	QT의 3단계	QT의 4단계
애굽 → → 홍해	→ ▨ → 제단	→ ▨ 지성소(법궤)	→ →가나안 요단 강
조용한 시간과 장소를 정한다	준비기도	본문읽기와 묵상	적용기도와 적용

* 조용한 시간과 장소를 정한다

QT를 하려고 물리적으로 조용한 시간과 장소(광야, 골방)로 들어가는 것은 마치 이스라엘 민족이 세속적인 소란함과 노예로서 피할 수 없는 의무들이 아우성치는 애굽이라는 시공간을 떠나 출애굽(Exodus)하는 것과도 같다. 그리고 우리는 이러한 출애굽을 통해 비로소 세속의 노예가 아닌 하나님의 자녀로서 삶을 시작하는 구속사의 1월(아빕월)에 들어서는 것이다. 이것이 우리가 날마다 예수를 따르는 길이다. 즉 "새벽 오히려 미명에 예수께서 일어나 나가 '한적한 곳'(원문의 문자적 의미는 '광야'다)으로 가사 거기서 기도하시더니"(막 1:35)라는 말씀처럼 예수님은 늘 그렇게 많은 사역을 앞두시고도 하늘 아버지와의 깊은 교제의 시공간(지성소) 속에 들어가시기 위해 시간적으로("새벽 미명"), 공간적으로("한적한 곳", 광야) 기존의 사역 현장에서 엑소도스(Exodus)하셨는데, 우리 역시 QT를 통해 날마다 그 엑소도스(Exodus)를 경험하는 것이다.

* 준비기도

골방으로 들어왔으나 계속 마음이 잡념이나 염려 등에 시달릴 수 있는데, 이때 이것을 극복하고 본격적으로 하나님의 임재 속에 들어가려면 '준비기도'를 해야 한다. 여기서 '준비기도'라는 것은 마치 이스라엘 민족이 애굽을 떠나 광야에 들어온 후에도 계속 애굽의 떡 생각에 빠지거나, 뿌리 깊이 박힌 노예적 열등감과 상처 및 염려에 사로잡힌 것을 극복하고, 하나님의 임재의 깊은 곳에 들어가 그분의 음성을 듣고 교제하기 위해 성막의 제단에서 그 모든 염려, 상처, 죄 등을 다 맡기고 고백하며 제사(번제, 속죄제, 속건제, 화목제, 소제)를 드린 것과 같다.

이것은 한마디로 예수님이 겟세마네에서 자기를 부인하며 기도하신 것처럼 기도하는 것이다.

"…그러나 내 원대로 마옵시고 아버지의 원대로 되기를 원하나이다"(눅 22:42).

* 본문읽기와 묵상

예수님이 오셔서 제단에서 드리는 모든 제사를 십자가에서 다 이루심(once for all)으로써 지성소 휘장을 열어 놓으셨다(눅 23:45). 또한 "오늘 네가 나와 함께 낙원(Eden)에 있으리라"(눅 23:43)고 약속하셨다. 따라서 예수 그리스도의 십자가 공로를 의지하고 준비기도를 하면 누구라도 날마다 ("오늘") 저 지성소("낙원", Eden)-하나님의 임재와 교제-속에 들어갈 수 있게 될 것이다.

그리고 이 지성소의 임재 속에 들어섰을 때 비로소 하나님의 말씀(법궤의 언약의 말씀, 성경)은 단순한 문자를 넘어 성령의 검으로, 살았고 운동력 있는 말씀이 되어 우리의 혼과 영과 골수를 찔러 쪼개는 말씀이 되고, 하나님의 입에서 나오는 영원한 양식과 음료가 되는 것이다. 그러므로 QT에서의 본문읽기와 묵상은 '준비기도'를 통해 성령의 임재 속에서 해야 한다.

* 적용기도와 적용

어떤 이들은 광야(사막)의 고독과 깊은 침묵기도를 지나치게 높이 평가한다. 그곳에서의 지성소 체험에 머물러 있기를 원한다. 그러나 하나님의 큰 구속 경륜은 결코 광야에 머물러 있는 것이 아니다. 또 한 번의 자기부인인 요단 강을 건너, 혼탁하고 분주한 역사의 한복판에 들어서는 것이다. 여리고를 직면하고 광야에서 주신 말씀을 주야로 묵상하며, 여호수아처럼 그 말씀대로 여리고와 가나안을 새로운 에덴(하나님 나라)으로 변화시키는 것이다.

이것이 하나님의 뜻이요, 역사 전체를 관통하며 지금도 만유를 회복시키기 위해 일하시는 그분의 구속사의 열심이다. QT는 이 하나님

의 경륜의 걸음을 나의 일상, 나의 걸음, 나의 하루 삶으로 온전히 통합
하는 것이다. 하루하루를 이런 영원한 여정, 위대한 재창조의 목표에
일치시키는 것이다.

2부 출애굽 여정을 따라서

QT와 십자가의 도(道) 1

스위스의 유명한 정신과 의사 폴 투르니에(Paul Tournier)는 그의 책 「인간 장소의 심리학」에서 종교와 심리학의 관점에서 볼 때, 인간에게 의미 있는 장소가 얼마나 중요한지에 대한 탁월한 통찰을 제시해 주고 있다.[1]

그 책에서 그는 자신이 고아였기 때문에 말이 없었고 남들과 잘 어울리지 못하는 문제아였다고 고백하면서, 이러한 자신이 회복되고 후일 정신과 의사라는 직업을 택하게 되는 데 지대한 영향을 준 한 선생을 소개하고 있다. 폴 투르니에의 그리스어 선생이었던 그는 폴 투르니에가 진정 무엇을 필요로 하는가를 이해해 주었고, 폴 투르니에를 자기

집과 연구실로 초대해 주의 깊고 다정하게 폴 투르니에의 가슴속 깊은 이야기들을 다 들어주었다고 한다. 폴 투르니에는 그 존경하는 선생님과의 개인적인 교제와 흉금을 털어 놓는 대화를 통해 마치 지성소와도 같은 자신의 진정한 장소를 찾았다고 얘기한다.

그는 말한다. 모든 사람에게 진정으로 중요한 것은 자신의 참된 장소, 즉 하나님이 자신을 위해 뜻하신 장소를 찾는 것이라고 말이다.[2]

나는 이러한 체험이 QT의 시공간 속에 있다고 본다. 천지의 주재이신 하나님과 개인적으로 독대해, 내 마음의 가장 깊은 곳에 있는 얘기들을 다 말씀드리고, 나를 향하신 하나님의 말씀을 들으며 그분의 임재속에 거하는 QT 시간은 피조물인 인간이 경험할 수 있는 가장 깊고도 의미 있는 지성소의 체험이 아닐 수 없다.

그러므로 우리는 연인과의 은밀한 사랑의 공간을 찾듯, 친구들과 어울릴 놀이 공간을 찾듯, 가족의 안식을 위한 집을 찾듯, 좋은 교수가 있는 학교를 찾고 참된 영적 지도자가 있는 교회를 찾듯, 반드시 날마다 하나님을 만날 수 있는 나만의 시간과 장소를 찾아야 한다.

그러나 피조물인 사람을 만나는 것과 창조주를 만나는 것에는 무한한 질적 차이가 있음을 잊지 말아야 한다. 하나님은 모든 시간, 모든 장소에 계시지만 그분을 직접 대면할 수 있는 시공간은 마치 그 무엇으로도 찢을 수 없는 휘장과 베일에 숨겨져 있다.

그러므로 광야에 간다고 언제나 하나님을 뵐 수 있는 것이 아니요, 아우성치는 시장 한복판에 있다고 해서 하나님을 만나지 못하는 것도 아니다. 주방이나 사무실, 다락방, 자동차 안, 학교, 길 한복판, 가시떨기 등 그 어디일지라도, 또 하루 중 언제라도 그 휘장이 열리기만 한다면 그 시공간은 순식간에 영원의 공기와 평강이 흐르는 거룩한 곳, 하나님의 면전이 되는 것이다. 그리고 바로 그 순간이 QT의 골방이 창조되는 순간인 것이다. 그렇다면 어떻게 해야 저 가로막힌 휘장이 열리는가? 답을 알기 전에 한 가지 분명하게 인정해야 할 것이 있다. 그것은 우리 중 누구도 그 휘장을 열 수 없다는 것이다. 이 사실을 인정한 사람에게는 다음의 말씀들이 영원히 감사할 좋은 소식이 될 것이다.

"그러므로 형제들아 우리가 예수의 피를 힘입어 성소에 들어갈 담력을 얻었나니 그 길은 우리를 위하여 휘장 가운데로 열어 놓으신 새롭고 산 길이요"(히 10:19~20).

"그러므로 우리가 그의 죽으심과 합하여 세례를 받음으로 그와 함께 장사되었나니 이는 아버지의 영광으로 말미암아 그리스도를 죽은 자 가운데서 살리심과 같이 우리로 또한 새 생명 가운데서 행하게 하려 함이니라"(롬 6:4).

"내가 그리스도와 함께 십자가에 못 박혔나니 그런즉 이제는 내가 산 것이 아니요 오직 내 안에 그리스도께서 사신 것이라"(갈 2:20).

요컨대 예수 그리스도의 십자가 외에는 그 휘장을 여는 방법이 없다는 얘기다. 그리고 보니 우리는 어느새 성경과 인류 역사 속에서도 가장 심오한 주제에 접근하고 있다. 그것은 '십자가의 도(道)' 다. 우리의 QT가 날마다 휘장을 열고 영원의 세계에 들어서며, 하나님의 위대한 구원 역사와 합일된 심도 있는 영성 훈련이 되려면 반드시 이 '십자가의 도(道)'에 대한 온전한 이해가 필요하다.

그러나 우리가 수없이 들어 왔고 또한 말하고 있는 이 십자가는, 그 깊이와 넓이와 높이가 너무도 엄청나서 실감이 나지 않는다. 그러므로 일단 이 십자가의 작은 한 조각이라도 떼어 실감한 후 계속 이야기를 진행하는 것이 유익하리라 생각한다.

리처드 포스터가 「기도」에서 소개한 다음 이야기는 이러한 필요를 적절히 채워 준다.

"루터 교회의 목사인 친구 빌 파스비히(Bill Vaswig)와 나는 언젠가 갈라디아서 2:20에 대해서 이야기하다가 그리스도와 함께 십자가에 못 박힌다는 것이 무슨 뜻인지 궁금해한 적이 있었다. 빌은 이렇게 말했다. '우리 그 구절이 서로의 마음속에 새겨지도록 기도하세.' 나는 사실 그 논의를 접어 두고 싶었지만 꾹 눌러 참고 이렇게 대답했다. '좋아. 그럼 어떻게 하면 되겠나?' '글쎄, 나도 잘 모르겠네. 자네가 먼저 해 보게.' 빌이 대답했다. 그래서 나는 그에게로 다가갔다. 그의 머리에 양손을 얹고 기도하기 시작했다. … 내가 기도를 끝내고 자리에 앉자 빌이 눈을 동그랗게 뜨고 나를 바라보며 이렇게 속삭였다. '됐네.' 그는 내가 기도하기 시작했을 때 마음속에서 생생한 환상을 보았다고 했다.

그것은 그가 다니는 교회에서 어떤 장례식이 치러지는 광경이었다. 뚜껑이 열린 관, 성가대 그리고 아치형의 높은 천장이 보였다고 한다. 그런데 그는 그 모든 것을 관 속에 누워서 보고 있었다. 그것은 바로 그의 장례식이었다. 사람들이 슬픔에 싸여 관 옆을 지나갈 때 그는 그들에게 자기는 건강하며 아무 일도 아니라고 말해 주려 했다. 그러나 그들은 그의 말을 듣지 못했다. 그들에게는 시체밖에 보이지 않았다. 그러나 그는 어느 때보다도 더 생생하게 살아 있었다.

나를 위한 그의 기도도 똑같이 강렬한 은혜를 끼쳤다. 그날 우리는 성령의 도가니 속에 들어갔던 것이다. 무엇보다도 중요한 것은 우리 둘 다 자아에 대한 죽음의 의미를 더욱 깊이 있게 깨닫게 되었다는 사실이다."[3]

그렇다. 진정 우리는 죽었다. 자기중심적으로 인생을 주도하려던 우리의 자아는 예수 그리스도의 십자가에서 영원한 깊이로 못 박혀 죽었다. 시체가 되었다. 무덤 속에 장사되었다.

기독교의 영성의 모든 시작은 바로 이 십자가에서의 죽음, 자기부인이다! 여기에서 하나님의 세계의 모든 휘장이 열린다. 부활의 권능이 임한다. QT가 그저 그런 경건 훈련의 하나가 되느냐 아니면 우리의 존재와 생애를 뿌리째 바꾸고 재형성하는 영성 훈련이 되느냐의 기로점이 여기에 있다.

그러면 이제 이 '십자가의 도(道)'가 우리의 QT에서 어떻게 적용되는지 하나하나 짚어 보고자 한다.

우선 QT의 1단계에서 볼 때, 애굽적 환경을 떠나 조용한 시간과 장소로 옮겨 가는 것은 분명히 우리 힘으로 할 수 있는 것이 아니다. 바쁘고 분주한 삶에 거의 중독된 자아가 골방에 가는 것, 이제는 어느 정도 안정된 현실을 떠나 낯선 곳에 가는 엑소도스는 유월절 양의 죽음, 그 실체이신 예수 그리스도의 십자가의 죽음을 통해서만 가능한 것이다. 그럴 때 우리의 시간은 비로소 구원 역사의 시작인 1월(아빕월)에 들어선다.

이렇듯 주님은 자신의 죽음을 대가로 지불하시고, 우리가 마땅히 있어야 할 하나님의 시간과 장소로 이끄신다. 그러나 홍해를 건너기 전에는 아직 애굽을 완전히 빠져나온 것이 아니다. 결코 방심해서는 안 된다. 바로의 군대가 추적해 올 수 있다. 한번은 내적 치유 세미나를 진행하는 중에 '어떻게 해야 이 세미나에 참여한 분들이 참된 자유를 얻을 수 있을까?'를 기도하고 있는데, 성령님이 내게 뜻밖의 질문을 하셨다. '애굽을 떠나온 이스라엘을 바로의 군대가 왜 다시 따라온 줄 아느냐?' 내가 대답을 못하고 주저하고 있을 때 성령님이 다시 말씀하셨다. '그것은 이스라엘을 또다시 노예로 삼고자 함이다. 출애굽기 14장을 보아라!' 나는 즉시 성경을 펼쳐 읽었다. 나는 성령님의 정확한 지적에 놀라지 않을 수 없었다. "우리가 어찌 이같이 하여 이스라엘을 우리를 섬김에서 놓아 보내었는고 하고 바로가 곧 그 병거를 갖추고 그 백성을 데리고 갈새…"(출 14:5~7). 요컨대 출애굽의 선언은 "내 백성을 보내라. 그들이 나를 섬길 것이다"라는 것이었는데, 애굽의 바로는 이스라엘을 자신을 섬기는 노예로 끝까지 붙들어 두려 했던 것이다.

그러면 뒤로는 애굽 군대요, 앞에는 홍해가 가로막힌 이 위기 상황을 이스라엘은 어떻게 극복했는가? 대개 이런 상황에 직면할 때 우리는 주체할 수 없는 두려움과 원망과 염려에 사로잡혀, 무엇인가를 하지 않고는 못 견딘다. 그러나 우리는 결코 애굽 군대를 공격하거나 홍해를 가를 수 있는 능력이 없다. 그러므로 우리가 할 일도 두려워하고 염려하는 '자기'(自己)를 다시 한 번 십자가적 깊이로 부인하고, 전적으로 여호와만을 신뢰하는 것이다. 그럴 때 비로소 하나님의 권능이 임하기 시작한다. "… 너희는 두려워 말고 가만히 서서 여호와께서 오늘날 너희를 위하여 행하시는 구원을 보라 …"(출 14:13~14).

그러므로 우리는 QT 하기에 앞서 다음과 같은 기도를 드릴 필요가 있다. "하늘에 계신 아버지여, 저는 이미 예수 그리스도의 십자가에서 영원히 죽었습니다. 그러므로 이제는 오직 주께서 이 시간과 장소를 주님 만나는 골방이 되게 해 주시고, 방해하는 모든 세력에서 지켜 주옵소서. 예수님의 이름으로 기도 드립니다. 아멘."

1) 폴 투르니어, 「인간장소의 심리학」(보이스사, 1995), pp. 199~200.
2) Ibid., p. 322.
3) 리차드 포스터, 「기도」(두란노, 1995), p. 9.

QT와 십자가의 도(道) 2

　　우리는 드디어 홍해를 넘어 '광야'에 들어섰다. 그림에서 보듯, QT에서는 이것이 제2, 3단계가 이루어지는 시공간이다. 다른 말로 하자면 '골방'이라고 할 수 있다. 그러나 이것은 보통 골방이 아니다. 이스라엘 백성이 오직 하나님만 섬기기 위해 애굽을 떠났을 뿐 아니라 홍해를 건넘으로써 애굽과 완전히 결별한 것처럼, '문을 닫고' 들어간 거룩한 골방이다. 그러므로 골방의 목적은 단 한 가지, 외부의 어떤 것에도 방해받지 않고, 하나님만 의식하고 하나님만 대면하기 위함이다. 그런데 골방에 들어갈 때 문을 꼭 닫아야 하는 또 다른 이유는 무엇인가? 그것은 사람이 약하기 때문이다. 문이 열려 있거나 사람들이 쳐다보면 마음

QT의 1단계	QT의 2단계	QT의 3단계	QT의 4단계
애굽 → 홍해	제단	지성소(법궤)	요단 강 → 가나안
조용한 시간과 장소를 정한다	준비기도	본문읽기와 묵상	적용기도와 적용

이 흐트러지고, 내면의 깊은 곳이 오직 은밀한 중에 보시고 갚으시는 하나님만 의식하기보다 사람들의 평가를 의식하게 된다. 예수님은 이런 인간 심리학의 대가셨다.

"또 너희가 기도할 때에 외식하는 자와 같이 되지 말라 저희는 사람에게 보이려고 회당과 큰 거리 어귀에 서서 기도하기를 좋아하느니라 내가 진실로 너희에게 이르노니 저희는 자기 상을 이미 받았느니라 너는 기도할 때에 네 골방에 들어가 문을 닫고 은밀한 중에 계신 네 아버지께 기도하라 은밀한 중에 보시는 네 아버지께서 갚으시리라"(마 6:5~6).

이와 같이 '홍해를 건넌 광야', '문을 걸어 잠근 골방' 만이 자신의 피상적인 의식 및 사람들을 대하기 위해 형성된 가면적 자아를 떠나, 우리의 내면 깊은 곳을 들여다보시는 하나님만 의식하는, 내면의 진짜 얼굴을 드러나게 한다.

이런 의미에서 광야나 골방에 홀로 거하는 것은 달라스 윌라드 (Dallas Willard)의 말처럼 많은 영성 훈련 중에서도 가장 중요하고 우선적인 훈련이라고 할 수 있다. 그러나 광야와 골방에서의 시간은 생각처럼 쉬운 것이 아니다. 평안보다는 재앙이 될 수도 있다. 왜냐하면 아무도 없는 그곳에서 하나님만 바라는 진짜 얼굴이 드러나도록 허락하자마자, 그동안 감추어져 있던 내면의 여러 문제들도 함께 쏟아져 나오기 때문이다. 이것은 우리가 마음의 피상적인 안전의 껍질을 벗겨 버리고 우리를 적나라하게 드러냈기에 일어나는 현상이다. 이때부터 골방의 시간— '독거'(獨居)는 무서운 시련이 된다. 독거는 우리 모두가 내면에 지니고 있으면서도 알지 못하던 심연을 드러내 준다. 그리하여 우리가 이러한 심연에 사로잡혀 있었다는 사실을 자각시킨다.[4]

바로 이것이 우리가 QT하려고 조용한 시간과 장소에 앉아 있을 때, 마음속에서 온갖 잡념이 떠오르는 상황인 것이다. 이때 우리는 도무지 하나님께만 집중할 수 없어 괴로워한다. 그러나 우리를 방해하는 그 번거로운 생각들은 단순한 '잡념'이 아니다. 내면에 입력되어 있던, 평소 삶의 모습들이 기다렸다는 듯이 의식의 통제를 젖히고 나오는 것이다.

우리는 이렇게 하나님을 뵙고 그분의 음성을 듣고자 마음을 열었으나 오히려 기대하지 않았던, 내면에 억압되어 있던 아우성과 나의 참 얼굴을 먼저 만나게 된다. 그런데 대부분의 경우 내면의 소리와 얼굴은 반갑지 않다. 평소에는 결코 의식의 전면에 나타나지 못하도록 윽박질러 밀어 넣었던 상처, 염려, 열등감, 분노 등 부끄러운 감정과 욕구로 이루어진 것이기에, 우리는 그런 '나'를 결코 만나고 싶어하지 않는다.

그러나 정직하게 QT를 하게 되면 독거의 상태에서 저 얼굴과 음성을 직면하지 않을 수 없다. 이것이 바로 광야와 골방의 위기요, QT의

위기인 것이다. 생각해 보라. 그 추하고 못난 내가 싫어서 열심히 일하고 수고해 이제는 웬만큼 사회적으로도 인정받고, 사람들에게 좋은 평가를 받으며 살게 되었다. 교회에서도 이제는 다 나를 알아준다. 그런데, 왜 QT라는 것을 해서 나의 내면을 다시 들추어내고 스스로 괴로운 시간을 갖는단 말인가?

그러나 또 한편 생각해 보면, 이런 고통을 회피하는 것은 계속 사람들의 비위를 맞추려 가면을 쓰고 껍질뿐인 삶을 사는 것과 같다. 그것은 썩은 무덤이면서도 겉에만 회칠을 해 의롭다고 인정받는 바리새인적 삶인 것이다. 그것은 결코 자유로운 아들로서의 삶이 아니라, 끝없이 시대와 사회의 눈치를 보는 노예의 삶이요, 진정한 자기가 없는 허망한 삶이다.

이러한 사람은, 몸은 비록 애굽을 떠나 광야에 들어섰다 할지라도 그 생각이 여전히 애굽의 떡과 고기에 사로잡혀 있었던 이스라엘 백성들처럼, QT를 하겠다고 골방에 앉아 있다 할지라도 마음은 아직도 세상의 노예며, 아직도 진정한 엑소도스의 1월(아빕월)을 시작하지 못한 것이다. 그렇다면 이 문제와 위기를 어떻게 극복할 것인가? 어떻게 해야 우리 내면의 노예성을 극복하고, 전 인격이 하나님의 임재의 깊은 곳에 거하며 하나님의 뜻을 따라가는 자유를 누릴 수 있겠는가? 어떻게 해야 하나님의, 아들, 새로운 피조물, 왕 같은 제사장, 구원사의 1월(아빕월)을 사는 사람이 될 수 있겠는가?

그 해답은 '성막'에 있다. 하나님은 물리적으로 광야나 골방에 들어갔다고 해서 그들의 내면이 자동적으로 노예에서 해방되어 자유로워지

는 것이 아님을 누구보다 잘 알고 계셨다. 그러므로 하나님은 이제 내
면의 노예가 출애굽해서 하나님의 임재의 깊은 곳에 들어갈 수 있는 새
로운 길을 열어 주셨는데, 그것이 바로 '성막'이다. 하나님은 모세에게
오직 하나님이 설계하시고 보여 주신 '식양대로'만 성막을 만들도록
명령하셨다(출 25:9). 우선 성막의 구조를 보면 아래의 도표와 같다.[5]

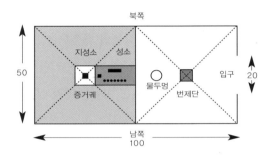

그러고 보면 성막이란 '제단 → 언약궤(법궤)'라는 두 극점을 잇는
독특한 동선(動線)을 갖는 집이다. 그리고 두 극점은 대각선의 가운데
(타베크)에 정확히 위치해 있다. 나는 여기서 하나님의 기하학의 일관
된 원리를 본다. 창세기 2장에 나오는 '선악을 알게 하는 나무'는 정확
히 에덴 동산의 가운데(타베크) 있었다. 하나님은 그 열매를 먹지 말라
고 하셨고, 먹는 날에는 정녕 죽을 것이라고 경고하셨다. 그러나 아담
은 자기중심적인 선악의 기준에 따라 그 열매를 따먹고 결국 에덴 동산
에서 쫓겨나고 만다. 그때 하나님은 그 동산의 동편 입구를 두루 도는
화염검과 그룹들로 지키게 하셨다.

그런데 언약궤 안에 있는 법은 하나님이 시내 산에서 친히 말씀하
시고 쓰신 선악의 기준이고, 그것은 지성소 가운데(타베크) 놓인다. 또

한 지성소를 막고 있는 동편 입구의 휘장에는 성막의 세 휘장 (성막 입구, 성소 입구, 지성소 입구) 중 유일하게 그룹들이 새겨져 있다. 그렇다면 '지성소'는 하나님이 이 지상 역사 속에 다시 만들어 주신 에덴이라고 할 수 있다. 그리고 '제단'이란 에덴에서 쫓겨난, 정녕 죽어야 할 인간이, 자기중심적인 선악의 기준에 따라 사는 삶이 악인 것을 고백하고, 흠 없는 제물의 죽음을 통해, 그 자기중심적 자아와 죄악의 노예에서 엑소도스하는 곳이다. 물론 이 돌이킴의 목표는 에덴-지성소로 들어가서 온전히 그 가운데(타베크)에 있는 언약궤의 법대로 하나님을 섬기는 것이다. 그런데 이 성막의 구조는 아래 도표에서 보듯, 이스라엘이 애굽의 노예로부터 흠 없는 유월절 양을 통해 출애굽하고, 물(홍해, 요단 강-물두멍)을 지나, 새로운 에덴인 가나안에 들어가는 구속사의 여정을 전체적으로 축소한 것이다.

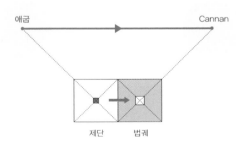

즉, 이스라엘이 출애굽해 광야에 있지만, 내면의 노예성으로 인해 하나님께로 갈 수 없을 때, 흠 없는 제물을 제단 앞에 가지고 와서 그 짐승 위에 안수하며 내면의 모든 애굽적 요소를 고백하고 그 짐승을 죽

인다. 그러면 그 애굽적 노예성에서 엑소도스해, 물두멍을 지나 하나님이 계신 지성소에 들어가게 된다는 것이다. 물론 이 모든 것은 제사장이나 대제사장을 통해 이루어지지만, 대표성의 원리에 따라 이스라엘 백성들이 제단에서 지성소로 들어가서 하나님을 섬기는 것과 같다. 그리고 이와 같은 성막의 원리는 예수님이 유월절 절기에, 인간이 지은 모든 악을 짊어진 유월절 양으로 물과 피를 쏟으시며 십자가에서 죽으시고, 지성소 휘장을 찢으심으로써 완성되었다.

이렇게 볼 때 성막의 '제단 → 언약궤'라는 양극점을 잇는 동선(動線)은 예수 그리스도의 전 생애를 응집한 '십자가의 도(道)'이고, 인류 구속사의 원형적 길을 제시한 것이라고 할 수 있다.

그러므로 오늘날에도 우리가 진정한 1월, 영원에 속한 아빕월을 시작하는 것은 골방에 들어가 QT 책을 펴놓았다고 해서 저절로 이루어지는 것이 아니다. 반드시 십자가를 바라보며 마음 깊은 곳, 존재의 심층에 있는 자신의 진짜 얼굴을 드러내고 거짓 없이 고백하며, 그 모습 그대로 흠 없는 유월절 양이신 그리스도와 함께 십자가에서 죽어야 한다. 그때에야 비로소 하늘 문이 열리고, 하나님의 시간으로서의 새로운 1월(아빕월)이 시작되는 것이다. 그리고 이것이 바로 날마다 영원한 하루의 여정을 여는 QT에서의 '준비기도'인 것이다.

---

4) 달라스 윌라드, 「영성훈련」(은성, 1993), pp. 184~185.
5) N. M. Sarna, *Exodus* (Philadelphia: Jewish Pub. Society, 1991), p. 155.

QT와 십자가의 도(道) 3

6강

　신약 시대를 사는 우리가 매일 누릴 수 있는 최대의 복 중 하나는, QT를 통해 나를 향하신 하나님의 음성을 듣고, 그분과 개인적으로 깊이 교제할 수 있다는 것이다. 이것은 지성소에 들어가는 자의 복이다.

　지성소란 본래 구약에서는 1년에 오직 한 번, 대속죄일에 대제사장만 들어갈 수 있는 지극히 거룩한 곳이었다. 그러나 이제는 예수 그리스도의 측량할 수 없는 십자가의 은혜로 인해 "성소의 휘장이 한가운데가 찢어지더라"(눅 23:45) 하신 말씀처럼 날마다, 누구나 들어갈 수 있는 지성소가 되었다.

　그러나 이렇게 그리스도 안에서 열린 지성소임에도 불구하고, 왜 우리의 QT는 이 놀랍고도 깊은 세계의 복을 다 누리지 못하고 얕은 물가만 첨벙대다가 나온 것 같을 때가 많을까?

그것은 아마 씨 뿌리는 비유에서 보듯 하나님의 말씀인 씨앗의 잘못이 아니라, 그 말씀을 받는 마음 밭의 문제일 것이다. 가시덤불 같은 상태의 마음, 돌 밭, 길가와 같은 마음에는 아무리 좋은 씨앗이 떨어져도 소용없다. 그러므로 오늘 우리의 QT가 지성소, 그 하나님의 보좌로부터 들려주시는 말씀을 듣고, 그 놀라우신 분의 영광의 임재 속에 거하는 지성소 QT가 되려면, QT 하기 전에 우리의 마음 밭을 깊이 기경하는 시간이 필요하다.

나는 QT의 성패가 거의 '준비기도'에서 결정된다고 보는데, 이러한 '준비기도'의 중요성에 비추어 볼 때 '준비기도'에 대한 좀 더 실제적인 내용을 다룰 필요를 느낀다. 우선 QT에서 '준비기도'는 그림에서 보는 바와 같이 지성소를 들어가기 전의 '제단'에 위치한다.

그러므로 오늘날 우리가 '준비기도'를 드린다는 것은, 구약의 모든 제사를 단번에 완성하신 예수 그리스도의 십자가 앞에 마음속의 염려, 조급함, 상처, 욕심, 두려움, 죄, 안일함 등을 온전히 자각하며 고백하고 내려놓은 후, 마치 제사드리기 위해 죽임 당한 제물의 심정으로, 절대적이고도 주권적인 하나님의 응답과 처분 앞에 서는 것이다.

그러나 '준비기도'의 진짜 문제는 이 기도를 실제로 어떻게 할 것이냐는 것이다. 즉, 이 기도의 중요성은 이해했지만 막상 QT 책을 앞에 놓고 '준비기도'를 드리려고 하면 막막한 경우를 만나게 된다는 것이다. 그러므로 나는 이 '준비기도'의 좋은 모델이 될 만한 기도를 하나

소개하려고 한다.

그것은 예수 그리스도의 겟세마네 기도다. 주님의 겟세마네 기도는 자기를 부인하고, 하나님의 뜻을 받아들이는 원리를 가장 잘 집약하고 있는 기도다. 아니, 겟세마네 기도는 주께서 이 땅에 계실 때 드렸던 모든 기도의 심장부였다는 표현이 더 정확할 것이다. 또한 "아무든지 나를 따라오려거든 자기를 부인하고 날마다 제 십자가를 지고 나를 좇을 것이니라"(눅 9:23) 하신 주의 말씀에 비추어 볼 때에도 겟세마네 기도의 원리를 QT의 '준비기도'를 통해 일상화한다는 것은 적절한 선택이라고 여겨진다. 그러면 이제 겟세마네 기도를 통해 얻을 수 있는 '준비기도'의 원리가 무엇인지를 이야기해 보자.

"나의 원대로 마옵시고 아버지의 원대로 하옵소서"(마 26:36~46, 막 14:32~42, 눅 22:39~46)

첫째, 우리 마음과 삶에는 '나의 원'과 '하나님의 원'이 공존하고 있고, 많은 경우 이 두 개의 소원이 갈등하고 있다는 것을 인정해야 한다. 아침에 눈을 뜨면, 우리 마음과 생각 속에서는 자신의 과거와 장래, 그리고 오늘의 삶에 대한 나름대로의 느낌과 계획, 욕구가 아우성친다. 그러나 동시에 하늘에 계신 하나님도 우리 생애와 오늘의 삶에 대한 뜻과 계획을 가지고 계신 것이다.

둘째, 비록 '하나님의 원'이 권위 있음을 인정하면서도, 우리가 참으로 원하는 '나의 원'을 솔직하게 인식하고 표현할 필요가 있다. 예를 들어 우리는 어떤 사람이 그토록 미우면서도, 왜 기도할 때는 그가 밉다고 말하지 않고, 그저 '원수를 사랑하게 해 주옵소서', '내가 십자가에 죽게 해 주옵소서'라고만 기도하는가? 참으로 그것을 원했는가? 그렇다면 그렇게 열심히 기도한 후에도 여전히 마음속에 남아 있는 미움은 무엇인가? 진정으로 우리가 원했던 것은 사실 그가 혹독히 징계를 받고 무참하게 낮아지는 것이 아니었던가? 그렇다면 왜 하나님 앞에서 마음속 깊이 있는 '나의 원'을 감추고, 기독교적인 용어로 그럴듯하게만 기도하는가? 그런 기도 속에는 진짜 '나의 원'도 '자기'도 없는 것이다. 진짜 '자기'가 있어야 '자기'를 부인할 수 있지 않겠는가? 이에 반해 예수께서는 겟세마네에서 기도하실 때 어떻게 기도하셨던가? 예수께서는 먼저 자신의 속 깊은 감정과 소원을 감추지 않고 적나라하게 드러내셨다. "… 심히 놀라시며 슬퍼하사 말씀하시되 내 마음이 심히 고민하여 죽게 되었으니 너희는 여기 머물러 깨어 있으라 하시고 … 아바 아버지여 아버지께는 모든 것이 가능하오니 이 잔을 내게서 옮기시옵소서"(막 14:33~36).

이에 대해 어떤 이는 "아니, 어떻게 하나님의 아들이라면서, 그리스도라는 직분을 가졌으면서 저렇게 약한 모습을 보일 수 있단 말인가?"라고 할지도 모르겠다. 그러나 사실 우리는 그리스도인이요, 집사, 권사, 장로, 목사로서 차마 품을 수 없고 생각할 수도 없는 소원들을 마음속 깊이 품고 있는 때가 얼마나 많은가? 그런데 예수 그리스도와 우리는 차이점이 있다. 우리는 그것을 마음속 깊이 눌러 감추고 겉으로는 그럴듯한 종교적 가면으로 기도하지만, 예수님은 자신의 마음과 원하는 바를 아버지 앞에 온전히 드러내며 기도하셨다는 것이다. 이와 같은 기도는 제물의 모든 가죽을 벗기고, 각을 떠서 벌여 놓은 번제와 같이 자신의 모든 가면을 벗고, 무의식과 의식이 통합된 진정한 '자기'로 하나님 앞에 나아가는 것이다.

그리고 이렇게 진짜 '나의 원'의 무게가 실려 있는 '자기'라야, 그 '자기'를 부인할 때 진정한 자기 죽음의 사건이 일어나는 것이다. 그러므로 당신이 정말 원하는 것을 의식화하라. QT의 골방에는 하나님과 당신 외에 아무도 없다. 사람 때문에 써야 했던 사회적 가면, 직분 때문에 지켜야 했던 체면도 필요 없는 곳이다. 마음속 깊은 곳에 있는 진짜 나의 두려움, 염려, 시기심, 분노, 조급함, 간절한 소원, 억울함, 부끄러운 욕구와 행위를 그야말로 적나라하게 의식의 전면에 드러내고, 몸이 분노로 떨리면 떨리는 대로, 눈물이 나면 나는 대로 그렇게 내 온 마음과 몸이 가면을 벗은 진짜 나 자신이 된 채로, '나의 원', '나의 모습'을 그대로 하나님 앞에 드러내고 표현하며 고백하라.

셋째, 그렇게 적나라하게 의식하고 고백한 '나의 원'과 함께 우리가 예수 그리스도의 십자가에서 죽고, 이미 고백한 그 모든 것에 대해서는 전적으로 하나님이 원하시는 대로 처분하시도록 맡겨야 한다. 이것은 예수님이 '자신의 원'을 숨김없이 고백하며 구하셨으나 곧이어 "그러나 나의 원대로 마옵시고 아버지의 원대로 하옵소서"라고 구하신 것과 같다.

그러나 이 경우에서 예수 그리스도는 직접 죽으시지만, 우리는 주님의 죽으심에 연합해 죽는 것이므로 우리가 '나의 원'을 부인한다는 것은, 예수 그리스도의 십자가 앞에 '나의 원'을 솔직하게 고백하고 그리스도와 함께 죽는 것을 의미한다. 그런 후에는 "하나님의 원대로 하옵소서"라는 기도를 드려야 한다. 그래야만 나를 부인하고 십자가에서 죽는 목적이 이루어진다. 즉, 우리가 '준비기도'를 하며 '나의 원'을 부인하는 이유는 '나의 원'은 좁고 편협하며, '하나님의 원'은 무한한 지혜와 능력으로 이루어진 탁월한 것임을 알기 때문이다. 우리는 살고자 죽는 것이요 얻고자 잃는 것이다. 그러므로 "나의 원대로 마옵시고 아버지의 원대로 하옵소서"라고 기도한 우리는, 이제 QT 본문을 통해 하나님이 내게 무엇이라고 말씀하시든, 그것이 가장 지혜롭고 선하며 올바르다는 확신으로 따를 준비를 하는 것이다.

넷째, 우리 마음이 '나의 원'을 부인하고 '하나님의 원'을 온전히 받아들이게 될 때까지 씨름과 같은 기도를 반복해야 한다. 예수님은 "나의 원대로 마옵시고 아버지의 원대로 하옵소서"라는 똑같은 기도를 땀이 땅에 떨어지는 핏방울처럼 되기까지 세 번씩이나 반복하셨다.

한 번의 기도로는 '나의 원'을 온전히 부인할 수 없었고 '아버지의 원'을 전적으로 수용할 수 없으셨던 것이다. 이렇듯 진짜 기도에는 '나의 원'과 '하나님의 원' 사이의 격렬한 씨름이 있다. 그런 씨름 끝에 깨끗이 승복했을 때에라야 더 이상 '나의 원'에 미련이 없고, '하나님의 원'에 대해 원망이 없게 될 것이다.

그리고 여기까지 이르면, 우리 입술에서는 어느새 샤를르 드 푸꼬오(Charles de Foucauld)의 다음과 같은 기도가 흘러나오게 될 것이다.

아버지,
나 자신을 당신의 손에 맡깁니다.
나를 당신의 뜻대로 처리하십시오.
당신께서 무슨 일을 행하시든지,
나는 감사드립니다.
나는 모든 것을 받아들일
준비가 되어 있습니다.
내 안에서,
그리고 당신의 모든 피조물 안에서
오직 당신의 뜻이 이루어지이다.
오 주님, 내가 원하는 것은 이것뿐입니다.
내 영혼을 당신의 손에 맡깁니다.
내 마음의 모든 사랑으로
당신께 바칩니다.
주님이신 당신을 사랑합니다.
나 자신을 당신께 바치기를 원합니다.
하나도 남김없이
무한한 확신을 가지고
당신 손에 맡기기를 원합니다.
당신은 내 아버지시기 때문입니다.

QT와 십자가의 도(道) 4

앞에서 우리는 'QT에서의 준비기도'를 다루었다. 그 기도의 핵심은 겟세마네의 기도인 "나의 원대로 마옵시고 아버지의 원대로 하옵소서"라는 것이었다. 그렇다면 이 기도 이후에는 어떤 일이 벌어지는가?

본문읽기와 묵상

만약 우리가 '준비기도'를 마음의 중심으로부터 온전히 하나님께 드렸다면, 어느새 지성소 휘장을 지나, 하늘에 계신 하나님의 보좌 앞에 있는 자신을 발견하게 될 것이다. 그리고 하나님의 음성을 듣고, 그분의 임재를 누리며, 하나님과 교제하는 QT의 심장부를 경험할 수 있게 될 것이다.

구약의 모세가 우리 곁에 있었다면 이 이야기를 듣고 고개를 크게 끄떡였을 것이다. 왜냐하면 여호와께서 성막을 만들기 전에 모세에게 "그룹들은 그 날개를 높이 펴서 그 날개로 속죄소를 덮으며 그 얼굴을 서로 대하여 속죄소를 향하게 하고 속죄소를 궤 위에 얹고 내가 네게 줄 증거판을 궤 속에 넣으라 거기서 내가 너와 만나고 속죄소 위 곧 증거궤 위에 있는 두 그룹 사이에서 내가 이스라엘 자손을 위하여 네게 명할 모든 일을 네게 이르리라"(출 25:20~22)고 하셨고, 또한 성막이 완성된 이후에는 "모세가 회막에 들어가서 여호와께 말씀하려 할 때에 증거궤 위 속죄소 위의 두 그룹 사이에서 자기에게 말씀하시는 목소리를 들었으니 여호와께서 그에게 말씀하심이었더라"(민 7:89)고 했기 때문이다.

신약에서 우리의 이러한 QT에 동의하는 사람을 꼽는다면, 나는 예수 그리스도와 함께 십자가에 못 박혔던 두 사람을 말하고 싶다. 한 사람은 주님 곁에서 십자가에 못 박혔던 행악자로, 그가 자기를 부인하고 전심으로 주를 의뢰했을 때, 예수께서는 "내가 진실로 네게 이르노니 오늘 네가 나와 함께 낙원(Paradise–Eden)에 있으리라"(눅 23:43)고 약속하셨고, 곧 이어 지성소 휘장의 한가운데가 찢어졌던 것이다.

다른 한 사람은 자신이 그리스도와 함께 십자가에 못 박힌 사람임을 고백(갈 2:20)한 사도 바울이다. 그는 에베소 교회에 보내는 서신에서 "긍휼에 풍성하신 하나님이 우리를 사랑하신 그 큰 사랑을 인하여 허물로 죽은 우리를 그리스도와 함께 살리셨고 (너희가 은혜로 구원을 얻은 것이라) 또 함께 일으키사 그리스도 예수 안에서 함께 하늘에 앉히시니 이는 그리스도 예수 안에서 우리에게 자비하심으로써 그 은혜의 지극히 풍성함을 오는 여러 세대에 나타내려 하심이니라"(엡 2:4~7)고 외쳤다.

요컨대, 준비기도를 통해 십자가를 통과한 이후 일어나는 QT의 모든 경험은, 다름 아닌 '에덴-지성소-하늘 보좌'에서 일어나는 사건이라는 것이다.

그러고 보면 오늘날 우리의 일상적 QT 체험은, 마치 나무에서 떨어진 조그만 사과를 맛있게 먹을 수 있는 배후에 만유인력이라는 거대한 우주적 원리가 가동되고 있는 것처럼, 예수 그리스도의 십자가와 부활에 연합되어 왕 같은 제사장들이 된 신약 성도들에게 하나님이 베푸시는 지극히 풍성한 은혜의 사건이요, 우주적이고도 종말론적인 신앙 사건인 것이다!

말씀하시는 하나님

좀 더 실제적인 이해를 돕기 위해 두 가지 간증을 소개하고자 한다. 나의 어머니와 조이 도우슨이 경험한 이야기다.

불교에 심취해 계시던 어머니는 교회에 다니는 나로 인해 평소에 마음에 큰 부담을 갖고 계셨는데, 하루는 부엌에서 설거지를 하던 중 이상한 경험을 하게 되셨다. 그것은 아무도 없는 부엌 천장에서 생생한 두 마디의 음성이 들려온 것이다. "요한복음 3장 16절, 빌립보서 4장!" 어머니는 성경을 찾아보셨고, 이후 기독교로 개종하셨다. 이것은 우리

집안의 모든 것을 바꾼 일대 사건이 되었다.

현재 YWAM 스탭으로 세계를 돌며 사역하는 조이 도우슨(Joy Dawson)은 선물로 받은 매우 아끼는 펜을 잃어버린 적이 있었다. 사람들을 동원해 모든 곳을 다 뒤져 보았으나 찾지 못하고 낙심해 있었다. 마침내 그녀는 하나님께 이렇게 기도했다. "전지하신 하나님! 당신은 그 펜이 지금 어디에 있는지 정확히 알고 계시지요? 그리고 그 펜을 찾는 일이 제게 얼마나 중요한지도 알고 계시지요? 제게 그 펜이 어디에 있는지 말씀해 주세요."

그녀는 잠시 귀를 기울였다. 즉시 한 문장이 그녀의 마음에 떠올랐다. "사무실 화장실 안에 있단다." 그러나 이미 화장실 안도 샅샅이 다 뒤져 본 상태였기에 내키지 않았지만, 순종하는 마음으로 다시 찾아보았다. 그런데 정말 놀랍게도, 그 펜이 변기 뒤편 바닥에 떨어져 있는 것이 아닌가! 아무도 예상치 못한 그곳에 말이다.

그녀는 고백한다. "우리의 하나님은 가장 뛰어나고 매력적이며, 재미있으며, 놀랍고 신비스러우면서도 우리가 다가갈 수 있는 그런 분이시다. 이 세상을 말씀만으로 지으시고 그 권능의 말씀으로 이 우주를 운행하시는 능력을 가진 분이 어떻게 내 잃어버린 펜과 바늘과 단추와 동전의 위치를 말씀해 주실 수 있는지, 난 지금까지도 잘 이해가 가지 않는다. 하지만 그럼에도 난 흥분하지 않을 수 없다. 하나님은 자신이 창조하신 각각의 피조물에게 얼마나 가까이 다가서시는지…."

그렇다. 참으로 하늘 보좌로부터 들려오는 하나님의 음성이란, 그것이 아무리 세미하고 겨자씨 같을지라도 엄청난 영향력을 가지고 있다. 그리고 QT 역시 우리의 일상적 삶 속에, 천지의 주재이신 하나님이 말씀해 주시는, 믿기지 않을 만큼 경이로운 은혜의 사건인 것이다.

그러나 우리는 여기서 QT가 하나님의 음성을 직접 듣는 방법과는 다른, 중요한 특성이 있음에 주목할 필요가 있다. 그것은 QT가 하나님의 음성을 듣는 영적 기술이기는 하되, 앞에서 예로든 두 경우에서처럼, 직접적인 음성 듣기가 아니라 성경 읽기를 통해 하나님의 음성을 듣는 방법이라는 것이다.

이런 차원에서 볼 때 QT는 일반적인 성경 공부와도 다르다. 앤드류 머리(Andrew Murray)의 다음과 같은 말은 이러한 우리의 입장을 잘 대변해 준다.

"하나님의 음성을 듣는 것은 말씀을 깊이 생각하고 연구하는 것 이상의 것이다. 말씀을 연구해서 알고는 있으나 살아 계신 하나님과 실제적으로 별로 교제를 나누지 못하는 수도 있다. 그러나 하나님의 목전에서 성령의 인도 아래 말씀을 읽으면, 말씀이 하나님 자신으로부터 살아 있는 능력으로 임하는 경우도 있다. 그것이 바로 아버지의 음성이며 하나님과의 실제적이고 개인적인 교제다. 마음에 들어와 축복과 능력을 가져다 주며 믿음의 반응을 일으키는 하나님의 살아 있는 음성인 것이다."

기준으로 주어진 성경

그런데 한 가지 의문이 생긴다. 앞의 예에서도 보았듯이 직접 하나님의 음성을 듣는 방법이 있다면, 왜 QT에서는 굳이 성경을 사용하는

가? 그 이유는 한마디로 성경의 언약적 성격 때문이다. 이 주제를 좀 더 설명해 보자.

우리는 앞에서 준비기도를 드린 후 지성소-에덴에 들어간다고 했다. 그런데 에덴 동산 가운데(타베크)에는 선악을 알게 하는 나무에 대한 금지 명령이 있었고, 이스라엘의 진 가운데(타베크)에 있는 지성소 언약궤 속에는 선악의 기준에 관해 기록한 돌판이 있었음을 기억해 보라.

두 경우 모두 그 가운데(타베크)에 있는 말씀은 하나님이 친히 말씀하셨고, 심지어 친히 기록해 주신 언약의 말씀이었다. 그리고 성경은 이 기록된 언약의 말씀이 얼마나 중요한지를 끝없이 강조한다. 그 말씀을 기준으로 생명과 사망 그리고 언약적 축복과 저주가 결정되기 때문이다. 이러한 중요성에 비추어 그것은 언제나 가운데(타베크)에 놓였던 것이다. 그러므로 성경은 하나님과 언약을 맺는 백성에게, 그 언약의 말씀을 자신의 가장 중심(타베크)인 마음판에 새기고, 주야로 묵상하며 행할 것을 명령하셨고, 그럴 때에 복 있는 사람이 된다고 한 것이다.

또한 성경은 이렇게 경고하고 있다. "너희 중에 선지자나 꿈꾸는 자가 일어나서 이적과 기사를 네게 보이고 네게 말하기를 네가 본래 알지 못하던 다른 신들을 우리가 좇아 섬기자 하며 이적과 기사가 그 말대로 이룰지라도 너는 그 선지자나 꿈꾸는 자의 말을 청종하지 말라 이는 너희 하나님 여호와께서 너희가 마음을 다하고 성품을 다하여 너희 하나님 여호와를 사랑하는 여부를 알려 하사 너희를 시험하심이니라 너희는 너희 하나님 여호와를 순종하며 그를 경외하며 그 명령을 지키며 그

목소리를 청종하며 그를 섬기며 그에게 부종하고 그 선지자나 꿈꾸는 자를 죽이라"(신 13:1~5)고 했다. 물론 문자적으로 그대로 적용할 수 없는 부분도 있지만, 모든 영적 음성에 대한 분별의 기준으로서의 성경의 중요성을 깨닫게 해 주는 말씀이다.

그러므로 지성소 언약궤 위 그룹 사이에 임재하시며 말씀하시는 하나님이, 그 궤 속 언약의 말씀을 친히 기록해 주신 동일한 하나님이신 것을 알 때, 언약의 책(신구약)인 성경을 통해 하나님의 음성을 듣는 QT는 교회와 그리스도인이 배울 수 있는 가장 건전하고도 성경적인 영성 훈련이라고 말할 수 있을 것이다.

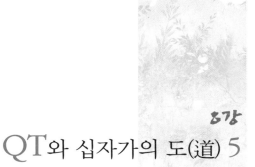

QT와 십자가의 도(道) 5

QT는 여느 '하나님의 음성 듣기 방식'과는 달리, 성경을 통해 하나님의 음성을 듣고자 하는 것이다. 그리고 이러한 방식이 매우 타당한 것은 앞에서도 언급했듯이 성경의 언약적 성격 때문이다. 나는 이 주제에 대해 좀 더 이야기할 필요가 있다고 느낀다. 그것은 우리가 평생 성경을 읽고 듣고 전할 사람들이요, QT 역시 성경을 중심으로 진행되기 때문이다.

옛 언약의 영성

구약 시대에는 축복과 저주가 하나님이 주신 언약법인 토라를 얼마나 잘 묵상하며, 치우침 없이 삶 속에 적용하느냐에 달려 있었다. 우리가 잘 아는 다음 두 구절은 이러한 구약적 영성의 본질을 잘 보여 준다.

"이 율법책을 네 입에서 떠나지 말게 하며 주야로 그것을 묵상하여 그 가운데 기록한 대로 다 지켜 행하라 그리하면 네 길이 평탄하게 될 것이라 네가 형통하리라"(수 1:8).

"복 있는 사람은 … 오직 여호와의 율법을 즐거워하여 그 율법을 주야로 묵상하는 자로다 … 그 행사가 다 형통하리로다"(시 1:1~3).

그런데 우리는 도표에서 보듯, 여호수아 1:8과 시편 1:1~3에 나타나는 '율법(토라)을 주야로 묵상하라'는 말씀이, 유대인들이 구약성경을 구분하는 세 부분―율법, 선지서, 성문서―중 선지서와 성문서의 첫머리에 위치하고 있다는 사실에 주목할 필요가 있다.

이것은 언약의 책인 율법(토라)을 삶의 중심(타베크)에 두고, 주야로 묵상하며 적용하는 것은 단순히 개인적인 차원의 영성이 아니라, 선지서와 성문서의 책 제목들에서 보듯, 이스라엘 민족 공동체의 내면의 삶과 역사적 삶을 좌우하는 중심 사상이었음을 알게 한다.

이스라엘은 개인적으로나 민족적으로 철저히 하나님이 주신 언약법을 묵상하며 지키기 위해 온갖 인간적인 노력을 기울였고, 그렇게 해서 그 모든 법이 마음판에 새겨지기를 시도했었다. 그러나 결과는 참담했다. 온 민족은 그 언약법을 떠나 우상들을 섬겼고, 선지자들의 절규 어린 경고를 들으면서도 마음이 완악할 대로 완악해졌다.

결국에는 언약적 저주가 임했고, 민족은 폐기 처분되다시피 해 바벨론의 포로가 되고 말았던 것이다. 한마디로 옛 언약 방식의 영성은 실패한 것이다. 이는 또한 창세기 3장 이후의 인류가 가진 처절한 한계를 가장 깊은 측면에서 검증한 것이기도 하다.

그렇다면 이스라엘은 왜 실패했는가? 그것은 인간의 마음에 있는 뿌리 깊은 죄성, 집요한 자기중심주의 때문이었으며, 또한 인간 외부에 있는 '문자'로서의 율법이 이스라엘의 완악한 마음을 극복시켜 줄 수 없었기 때문이었다.

그런데 놀라운 일이 벌어진다. 옛 언약의 한계와 그 무서운 절망의 심연 속에 새로운 하나님의 말씀이 임한 것이다. 그것은 인류 구원사와 영성사의 획을 긋는 '새 언약'에 대한 예언이었다!

새 언약의 선포

예레미야를 통해 예언된 '새 언약'은 인간 마음의 죄성으로 인해 실패한 하나님과의 복된 언약 관계를 근원에서부터 영원히 회복시키기 위해, 모든 문제의 뿌리인 인간 마음의 죄를 사하시고 새 마음을 주시되, 그 마음판에 하나님의 언약법—그토록 주야로 묵상하고 지키고자 했음에도 실패했던—을 친히 새겨 주신다는 것이다!

"나 여호와가 말하노라 보라 날이 이르리니 내가 이스라엘 집과 유다 집에 새 언약을 세우리라 나 여호와가 말하노라 이 언약은 내가 그들의 열조의 손을 잡고 애굽 땅에서 인도하여 내던 날에 세운 것과 같지 아니할 것은 내가 그들의 남편이 되었어도 그들이 내 언약을 파하였음이니라 나 여호와가 말하노라 그러나 그날 후에 내가 이스라엘 집에 세울 언약은 이러하니 곧 내가 나의 법을 그들의 속에 두며 그 마음에 기록하여 나는 그들의 하나님이 되고 그들은 내 백성이 될 것이라 그들이 다시는 각기 이웃과 형제를 가리켜 이르기를 너는 여호와를 알라 하지 아니하리니 이는 작은 자로부터 큰 자까지 다 나를 앎이니라 내가 그들의 죄악을 사하고 다시는 그 죄를 기억지 아니하리라 여호와의 말이니라"(렘 31:31~34).

그리고 이 예언은 이스라엘이 포로 생활에서 돌아온 후 400여 년이 지난 어느 유월절, "저녁 먹은 후에 잔도 이와 같이 하여 가라사대 이 잔은 내 피로 세우는 새 언약이니 곧 너희를 위하여 붓는 것이라"(눅 22:20)고 하신 예수 그리스도의 '십자가의 도(道)'를 통해 온전히 성취되었던 것이다.

요컨대, 우리는 이제 예수 그리스도의 십자가에 깊이 연합되어, 언약을 파기한 죄인에게 쏟아지는 모든 언약적 저주를 이미 다 치렀고, 또한 예수 그리스도의 부활에 연합되어, 율법의 모든 요구를 주야로 묵상하며 다 지키신 그리스도의 의(義)를 가진 새 마음을 얻었다.

그래서 이제는 하나님을 '아바 아버지'라고 담대히 부르는, 하나님과의 가장 깊고도 친밀한 언약적 복을 회복하게 된 것이다. 그것도 영원히 말이다!

새 언약과 QT

그렇다면 한 가지 궁금해지는 것이 있다. '신약시대에 살고 있는 우리에게 왜 성경이 필요한가?'라는 점이다. 왜냐하면 우리는 이미 거듭났고, 우리 안에 그리스도의 형상이 회복되었으며, 우리 마음에는 모든 언약의 법이 새겨져 있다고 했으니 말이다.

그러나 현실을 보라. 아무리 거듭났고 그 마음판에 하나님의 모든 법이 새겨져 있다고 해도 우리가 레위기나 선지서 또는 요한계시록을 읽을 때 어떤 경험을 했던가? 도무지 무슨 뜻인지 몰라 쩔쩔매지 않았던가? 그러다가 누군가가 그 성경을 풀어 주거나, 성령께서 깨닫게 해 주셨을 때 우리는 또한 얼마나 기뻐했던가? 이처럼, 왜 우리는 마음에 하나님의 법이 새겨져 있다고 하면서도 여전히 성경을 배워야 하고 묵상할 필요를 느끼는가? 이 논리적 모순을 어떻게 이해해야 하는가?

나는 이것을 손뼉 치는 것에 비유해 본다. 한 손은 내 마음에 새겨진 하나님의 말씀이다. 또 다른 한 손은 내 밖에 기록된 하나님의 말씀이다. 이 둘이 어떤 순간 깨달음으로 만난다. 그때 두 손바닥이 '짝' 하고 마주치듯, 우리는 말씀을 경험하는 것이다. 또 한편으로 생각해 보면, 내 안에 거듭난 영혼은 아직 어린아이와 같다. 그래서 거듭난 것은 분명하지만, 이해력도 미숙하고 무거운 짐도 지지 못한다. 또한 내 마음에 새겨진 하나님의 법의 상태는 조그마한 씨앗과 같다. 모든 것이다 새겨진 씨앗이지만, 아직 뿌리도 잎도 향기도 열매도 없다. 그런데 성경은 새 언약이 무르익은 거목을 보여 준다. 그 새 언약의 장성한 아들 예수 그리스도의 놀라운 영광을 보여 준다.

그래서 누군가 성령의 지혜와 능력으로 성경을 깨닫게 해 주거나, 성령님이 직접 성경을 통해 그리스도의 영광을 보여 주시면, 이미 거듭난 우리 영혼은 말할 수 없는 기쁨을 경험하며, 자신도 그리스도처럼 되고 싶은 열망에 사로잡힌 것이다. 그리하여 우리는 그리스도가 계시된 그 말씀을 주야로 깊이 묵상 (meditation-contemplation)하고, 그분의 '살과 피'라는 신령한 양식과 음료를 취해 그리스도의 장성한 분량에까지 점차 자라게 되는 것이다.

이것은 마치 마리아가 방문 소리하자, 그녀의 태속에 있던 예수로 인해 세례 요한이 엘리사벳의 복중에서 기쁨으로 뛰놀았던 것을 연상시킨다. 그러나 우리가 성경에서 그리스도의 영광을 보고 기뻐하며, 그 장성한 분량으로 우리 존재를 형성해 가는 것은 그 이상의 사건이다. 아들이 아들을 만나고 깊음이 깊음을 부르는 사건이다.

이때 비로소 QT는 단순히 하나님의 음성을 듣는 영적 기술에 머물지 않고, 성경을 통해 그리스도의 장성한 분량으로 영성 형성(Spiritual Formation)을 이루어 가는 영성 훈련으로서 자리매김되는 것이다.

로체스터의 감독이었던 크리스토퍼 체이버스(Christoper Cha-vasse) 박사의 다음과 같은 글은 우리가 나누었던 이야기의 적절한 마무리가 될 것이다.

"성경은 우리 주님 예수 그리스도의 초상화입니다. 복음서들은 그

초상화 내에 있는 인물 그 자체입니다. 구약성경은 그 신적 인물을 지시해 주며, 또한 전체로서 구성을 이루는 데 절대적으로 필요한 신적 인물을 이끌어 주는 배경입니다. 서신서들은 그 인물을 설명하고 묘사하면서 의복과 복장 역할을 하고 있습니다. 그러므로 우리가 성경을 읽음으로 그 초상화를 전체적으로 연구하며, 기적이 일어나게 되며, 그 인물이 생명으로 다가오게 됩니다. 기록된 화폭으로부터 내려오면서 엠마오의 영원한 그리스도는 그 자신이 성경 교사가 되셔서 우리에게 모든 성경 가운데서 자신에 관한 일들을 해석해 주십니다."[6]

---

6) 존 스토트, 「왜 성경이 필요한가」(정음출판사, 1984), p. 41~42.

QT와 십자가의 도(道) 6

9강

자, 이제 계속 우리의 길을 가도록 하자. 우리는 현재 준비기도의 관문을 지나 제3단계에 도달해 있다. 여기는 QT에서의 본문읽기와 묵상(meditation) 그리고 관상(contemplation)이 이루어지는 곳이다. 또한 이러한 과정을 통해 하나님의 음성을 듣고, 영성 형성(spiritual formation)이 이루어진다. 그러면 QT에서의 본문읽기를 먼저 살펴보자.

본문읽기에 대하여

나는 앞에서 좋은 QT를 위한 황금률로서 "말씀을 연구하려 하지 말고 말씀이 임하게 하라"고 제안한 적이 있다. 그리고 "QT에서 말씀을 연구하는 것은 애굽에서 수고해 떡을 얻는 것과 같고, 말씀이 임한다는 것은 오직 은혜로 하늘에서 만나가 내려오는 것과 같다"고 했다.

그렇다. QT에서 본문읽기의 일차적 목표는 모든 구절을 연구하려는 것이 아니라, 오늘 내게 임한 하나님의 말씀을 알아채고 듣는 것이다. 박영만 교수는 이것을 다음과 같이 표현한다. "마음을 두드리는 하나의 핵심 단어, 구절 혹은 문장 (a key word or phrase or sentence)을 귀한 손님처럼 모셔들이자."[7]

그런데 최근 QT를 처음 시작한 어떤 분과 대화하던 중 "말씀이 임한다는 것이 무엇인지를 경험하려고 몇 개월을 애썼는데 아직 잘 모르겠다"라는 이야기를 듣고, 말씀이 임한다는 것이 어떤 현상인지 좀 더 구체적으로 설명할 필요가 있다는 것을 알게 되었다. 내 생각으로는, 나와 대화를 나눈 그분에게도 이미 여러 차례 하나님의 말씀이 임했을 것이라고 본다. 다만 그분이 하나님의 말씀이 임한다는 의미를 너무 특별하고 신비한 체험으로 여겼던 것이 아닌가 싶다.

하나님으로부터 임한 말씀

그렇다면 QT의 본문읽기를 통해 오늘 내게 임한 하나님의 말씀을 어떻게 알아챌 수 있는가?

첫째, 본문을 읽어 가는 중 마음에 와 닿는 말씀이 내게 임한 말씀일 수 있다. 씨 뿌리는 비유에서 말씀은 '씨'요 그 말씀을 받는 밭은 '마음'이라고 했다. 따라서 주께서 내게 하시는 말씀은 내 마음에 와 닿게 된다. 아주 정확한 인식론이다.

둘째, 본문을 읽어 가는 중 마음에 깨달아지는 말씀이 내게 임한 말씀일 수 있다. 깨달음이란 마음속으로 말씀의 종자가 들어왔을 때 마음이 그 종자의 내용을 직관적으로 파악하는 현상이라고 할 수 있다. 그러나 종자는 종자일 뿐 그 깨달음은 묵상을 통해 싹이 나고 꽃피지 않으면 안 된다.

셋째, 본문을 읽어 가는 중 더 알고 싶은 의문이 생기는 말씀이 내게 임한 말씀일 수 있다. 주님은 우리를 더 깊은 대화로 이끄실 때 비유나 질문으로 호기심을 일으키신 후 질문에 답해 주심으로 확실하게 깨닫게 해 주신다. QT란 이런 탁월한 대화법을 가지신 주님과의 대화라고 할 수 있다.

넷째, 우리의 감성에 무언가 느낌을 일으키는 말씀이 내게 임한 말씀일 수 있다. 마음속에 말씀이 들어오면 단순히 지성적으로만 인식되지 않는다. 때로는 눈물이 핑 돌 만큼 감동을 주기도 하고, 때로는 마음이 뜨끔할 만큼 경고를 하기도 한다. 마음은 '지 · 정 · 의'의 기관이고, 하나님의 음성 또한 그분의 가슴에서 나왔기 때문이다.

여기까지 읽고 나면 아마 "아하! 나도 그런 경험이 있었지"라고 공감할 분들이 많을 것이다. 물론 마음에 와 닿고 깨달음과 의문과 느낌을 주는 말씀이라고 해서 그것이 모두 하나님으로부터 임한 말씀이라고 단정하기는 이르다. 배고픈 사람에게는 음식점 간판만 보이듯, 나의 인간적 욕구에 기인한 현상일 수도 있으며, 그저 단순한 호기심일 수도 있고, 심지어 악한 영의 미혹일 수도 있기 때문이다. 그렇기에 나는 이러한 오류와 미혹에서 벗어나, 우리에게 주시는 순전한 하나님의 음성을 듣기 위해 '준비기도'가 중요하다고 강조했던 것이다.

여하튼 준비기도를 통해 마음 밭이 잘 기경되고, 본문읽기를 통해서 내게 임한 하나님의 말씀을 잘 알아챘다면, QT의 여정에서 볼 때 중요한 고비는 거의 넘은 것이라고 볼 수 있다. 마치 마리아가 하늘에서 임한 말씀을 받아들인 순간 예수를 잉태했고, 이로 인해 만세에 복 있는 여인이 되었던 것처럼 우리 역시 우리에게 임한 말씀을 마음속에 인식한 순간, 고귀한 아이를 잉태한 여인처럼 이미 새로운 존재가 된 것이다.

성령님이 이끄시는 말씀

그런데 여기서 한 가지 더 짚고 넘어가고 싶은 것이 있다. 말씀이 임하는 현상의 배후에 있는 원리에 대한 것이다. 도대체 무엇이 다른 본문들과 달리 그 본문, 그 단어, 그 주제로 하여금 우리의 마음에 와닿게 하고 깨달음과 의문과 특별한 느낌을 주게 했느냐는 말이다. 이현상을 일으키는 원리를 정확히 알아야 본문을 읽을 때 우리의 태도가결정된다. 이에 대한 해답을 한마디로 하자면, '성령'이다!

한 가지 비유를 들어 보자. 날마다 우리가 만나게 되는 QT 본문들이 모두 시내 산에 있는 떨기나무들이라고 해 보자. 우리는 이제 모세처럼 그 산에 들어선다. 여러 말씀들이 눈에 들어온다. 그 떨기나무들을 천천히 훑어본다. 그러다가 우리는 갑자기 시선이 멈춘다. 왜냐하면여러 떨기나무 중 유독 한 나무가 특별하게 보이기 때문이다. 그 나무는 이상하게도 모세의 마음에 와 닿는다. 무엇인지는 몰라도 모세의 마음속에 호기심을 일으킨다. 모세가 된 우리는 점점 그 나무로 다가간다. 왜냐하면 그 떨기나무에는 불이 붙었으나 타지 않기 때문이다. 이제는 오직 그 나무만 바라본다.

그러던 중 놀랍게도 그 나무에서 우리의 이름을 부르고, 우리가 해야 할 일을 말하는 음성이 들려온다! 그럴 때 우리는 자신이 이미 거룩한 땅, 하나님의 존전에 서 있는 것을 발견하게 된다. 결국 무엇인가? 무엇이 여러 떨기나무와 그 나무를 다르게 한 것일까? 무엇이 그곳을 하늘 성소의 문이 되게 한 것일까? 그것은 그 나무 가운데 임하신 여호와 곧 그 자음과 모음, 단어, 주제 가운데 임하신 성령인 것이다! 그러므로 모든 나무를 연구하려 하지 말라. 그저 불꽃이 임한 떨기나무를 찾는 것이다. 그저 그 나무가 보일 때까지 천천히 반복해서 본문을 읽으며 기다리는 것이다.

이것을 또 다른 그림으로 말해 보자. 우리 모두 함께 출애굽 이후 광야에 들어선 이스라엘이 되어 보자. 우리의 눈앞에는 황량한 광야가 펼쳐져 있다. 정말 당혹스럽다. 왜냐하면 광야에는 아무런 길이 없기 때문이다. 어디로 갈 것인가, 언제 행진하고 어느 곳에 머물 것인가에 대한 어떤 기준도 없다. 오직 구름기둥을 따라갈 뿐이다. 구름기둥이 가는 곳이 길이다. 오직 구름기둥이 머무는 곳이 우리가 머물 곳이다.

나는 매일 「생명의 삶」 본문을 펼쳐 들 때마다 그 본문 옆에 있는 여백이 꼭 아무런 길도 없는 광야처럼 느껴진다. 그래서 나는 본문을 읽어 가면서 서서히 광야 여정에 들어선다. 어느 본문이 내가 머물 곳인가? 어느 말씀이 오늘 내게 임하는 말씀일까? 어떤 기준도 없다. 오직 구름기둥이신 성령님이 이끄시는 대로 눈과 마음을 맡긴다.

그러다가 어느 대목에 성령님이 머무르시면 나도 멈춘다. 성령님이 그곳에 머무르신 것을 내가 안 것은 그 말씀이 특별히 내 마음에 와 닿았고, 그 말씀에 무언가 생명이 움트고 있는 것을 느꼈기 때문이다. 그러면 그곳은 어느새 지성소의 하나님 보좌 앞이 된다. 이제 나는 그곳에 머물러 오직 성령님이 그 본문을 통해 무엇을 말씀하시는지 경청한다.

그렇게 그곳에 한참 머물러 있으면 성령이 임한 그 말씀은 어느새 "성령의 검"(엡 6:17)이 된다. 살았고 운동력 있는 말씀이 된다. 좌우에 날선 어떤 검보다도 예리하여 내 혼과 영과 및 관절과 골수를 찔러 쪼개기까지 하며, 내 마음의 생각과 뜻을 감찰한다(히 4:12~13). 그러고는 그 말씀을 통해 하나님이 나를 위해 예비하신 좋은 것들을 마음 깊이 풍성하게 깨닫게 한다.

바울보다 이러한 원리를 정확하게 말한 이는 없을 것이다. "기록된 바 하나님이 자기를 사랑하는 자들을 위하여 예비하신 모든 것은 눈으로 보지 못하고 귀로도 듣지 못하고 사람의 마음으로도 생각지 못하였다 함과 같으니라 오직 하나님이 성령으로 이것을 우리에게 보이셨으니 성령은 모든 것 곧 하나님의 깊은 것이라도 통달하시느니라 사람의 사정을 사람의 속에 있는 영 외에는 누가 알리요 이와 같이 하나님의 사정도 하나님의 영 외에는 아무도 알지 못하느니라 우리가 세상의 영을 받지 아니하고 오직 하나님께로 온 영을 받았으니 이는 우리로 하여

금 하나님께서 우리에게 은혜로 주신 것들을 알게 하려 하심이라"(고전 2:9~12).

그러므로 이렇게 성령을 좇아 본문을 읽는다는 것은 예로니모라는 이가 말한 것처럼 "어느 해안에 닿게 될지도 모른 채 성령의 바람에 돛을 펼치는 것"과 같다.[8] 그러나 또한 우리는 성령에 이끌려 도착할 그 항구가 우리의 모든 상상을 초월하는 최고의 항구인 것을 믿음으로 알기에, 예비된 최상의 선물을 기다리는 아이처럼 가슴이 설렌다. 그러고 보면 이러한 본문읽기는, 십자가에서 자기가 죽고 오직 성령을 좇아 사는 그리스도인의 삶의 축소판과 같다. QT에서의 본문읽기는 다름 아닌 '십자가의 도(道)'인 것이다.

7) 박영만, 「전인적 묵상」(은성, 1999), p. 203.
8) 엔조 비앙키, 「말씀에서 샘솟는 기도」(분도출판사, 2001), p. 69.

3부 묵상의 골짜기

내가 못 박혔던 십자가

이제까지 우리는 참으로 쉽지 않은 여정을 쉼도 없이 숨 가쁘게 달려온 듯하다. 비록 QT의 그림 4단계 중 제3단계까지 왔다고는 하나 아직도 넘어야 할 봉우리가 적지 않다. 그것은 다섯 가지 주제로 정리해 볼 수 있는데, 그 내용을 대략 살펴본다면 묵상, 관상, 적용기도, 적용, 나눔이다.

그러나 여기에서는 가던 길을 좀 멈추고 한숨 돌릴 겸, 개인적인 간증을 하나 나누고자 한다. 현재 우리의 여정이 '십자가의 도(道)'라는 주제 아래에 진행되고 있는 만큼, 내가 직접 경험한 십자가 체험을 소개해 보려 한다.

언제였던가. 나는 집 근처 교회의 지하 본당을 기도실 삼아 몇 주간 기도를 하고 있었다. 그때 나는 에이든 토저(A.W.Tozer)의 「하나님을 추구함」이라는 책을 읽으면서 기도했다. 읽다가 감동이 오는 대목에 이르면 읽던 것을 멈추고 묵상을 했다. 그리고 거기서 나온 깨달음을 기도로 바꾸어 갔다.

그러다가 다시 읽어 갔고, 묵상하다가 기도하기를 반복했다. 일종의 영적 독서(Spiritual Reading)였다. 좋은 시간들이었다. 은혜를 느꼈다. 그러나 그 책의 깨달음이 어느 한순간 칼을 내 가슴에 겨눈 것과 같이 그렇게 섬뜩하고도 무서운 내용으로 돌변하게 될 줄 누가 알았으랴! 그 책에서 토저는 이렇게 질문했다.

"예수님의 몸이 찢기심으로 휘장이 제거되었기 때문에 하나님 쪽에서 우리가 들어오는 것을 막는 것이라고는 아무것도 없다. 그런데, 우리가 밖에서 머무는 데 만족하고는 하나님을 우러러 보기 위하여 들어가려고 하지 않는 것은 무슨 이유인가?"[9]

그리고 그는 이렇게 답을 했다.

"그것은 무엇인가? 우리의 마음속에 휘장이 존재한다는 것, 그것 이외에 무엇이겠는가? 처음 휘장처럼 걷혀지지 않고 여전히 남아 있어서 빛을 막고 하나님의 얼굴을 우리로부터 가리게 하는 그 휘장 이외에 무엇이겠는가?

그것은 우리 안에서 심판되지 않은 채, 십자가에 못 박혀지지 않은 채, 부정되지 않은 채 살고 있는 타락한 우리의 성품이라는 휘장이다.

그것은 우리가 비밀히 부끄럽게 생각해 온 것, 그리고 그렇기 때문에 결코 십자가의 심판으로 끌고 간 적이 없는 것인 자기 생명(Self-life)이라는 촘촘히 짜여진 휘장이다. … 자아는 우리로부터 하나님의 얼굴을 가리는 불투명한 휘장이다. … 우리는 자아의 죄들을 십자가로 끌고 가 심판을 받도록 해야 한다. … 그 휘장은 살아 있는 영적 직물로 만들어진 것이며 … 그것을 건드린다는 것은 아픔을 느끼는 우리 자신을 건드리는 것이다. 그것을 찢는다는 것은 우리를 상하게 하는 것이며 피 흘리게 하는 것이다. … 죽는다는 것은 결코 장난이 아니다. 생명이 만들어진 사랑스럽고 부드러운 본질을 찢는다는 것은 몹시 고통스러운 것이 아닐 수 없다. 그러나 그것은 십자가가 예수님께 행한 일이었고, 십자가가 사람을 자유케 하기 위하여 모든 사람에게 하려는 일이다."[10]

그날 나는 이 문장들 앞에서 떨고 있었다. 왜냐하면 토저의 글을 통해 성령님은 바로 나 자신이 조금도 긍휼히 여김 받음 없이 완전히 찢겨 죽어야만 할, 그 휘장과 같은 존재라는 사실을 생생하게 느끼게 하셨기 때문이다. 그때 나는 이런 내가 회복될 수 있는 유일한 곳은, 온 우주와 역사 속에서 오직 예수 그리스도의 십자가밖에 없다는 사실을 비로소 알게 되었다.

아, 그러나 그날 성령님은 어찌하여 이 두려움에 떠는 죄인을 더욱 벼랑 끝으로 몰아 세우셨던가. 평소에 자주 거론했고, 그래서 마음만 먹으면 언제라도 갈 수 있을 것 같았던 골고다의 그 십자가가 그날따라 왜 그토록 두렵게 느껴지게 하셨던가.

그것은 아마 그날 성령님이 내게 골고다의 진짜 십자가를 보여 주셨기 때문일 것이다. 그 십자가는 내가 신학 속에서 배운 교리의 십자가가 아니었다. 2,000여 년 기독교 전통 속에서 각색된 십자가도 아니었다. 그것은 내게 찬송가 136장의 십자가였다. "거기 너 있었는가 그때에 주가 그 십자가에 달릴 때 오, 오, 때로 그 일로 나는 떨려 떨려 떨려 거기 너 있었는가 그때에"

그때의 내 모습이란 마치 대수술을 받아야만 살 수 있는 아이가 그 수술 과정을 생각하고는 공포에 떨며 도망치려고 발버둥치는 것과 같았다. 한동안 이 진퇴양난의 처지에서 어찌할 바를 모르던 내게 불현듯 성경 한 구절이 떠올랐다. "나를 보내신 아버지께서 이끌지 아니하면 아무라도 내게 올 수 없으니…"(요 6:44). 성령님이 주신 말씀이 분명했다. 의지로는 도저히 갈 수 없는 골고다 십자가였기에, 전심으로 이 말씀을 의지해 아버지께 절규하듯 간구했다. "아버지여, 제발 저를 강권적으로 이끌어서라도 예수 그리스도의 십자가에 못 박아 주옵소서!"

그 순간, 놀라운 일이 벌어졌다. 내가 실제로 못 박힌 것이다! 교회의 장의자를 두 팔로 짚고 있던 나는, 비록 눈에 보이는 못은 없었지만, 나의 두 손이 그곳에 못 박혔다는 것을 알게 되었다! 오, 어떻게 이런 일이….

이때부터 나는 평생 한 번도 가 보지 못했던 새로운 세계에 들어서 있는 자신을 발견했다. 어떤 강을 건넌 것 같은 기분이었다. 찢긴 휘장 속에 들어간 것 같았다. 나는 죽었는데 다른 이가 나를 다스린다는 것을 알게 되었다. "내가 그리스도와 함께 십자가에 못 박혔나니 그런즉 이제는 내가 산 것이 아니요 오직 내 안에 그리스도께서 사신 것이라"

(갈 2:20)는 말씀은 교리가 아니라 실제였던 것이다.

처음에는 내가 십자가에 못 박혔기 때문에 그곳에 평생 그렇게 움직이지 않은 채 있으려 했다. 사람들이 이런 나를 이상하다고 보건, 길거리로 끌어내건, 심지어 아내가 와서 울며 호소하건 간에 나는 아무런 반응을 할 수 없으리라고 스스로에게 선언했다. 왜냐하면 나는 십자가에 못 박혀 죽었기 때문이다.

나에게는 이러한 생각이 아주 당연했다. 산 자는 생존의 염려와 체면에 반응한다. 그러나 그날 나에게는 모든 사람이 미쳤다고 여길 만한 생각조차도 지극히 당연한 것으로 여겨졌다. 생존의 논리가 아닌 십자가에 못 박힌 논리가 되었던 것이다.

주님의 다스리심을 경험하다

내가 스스로의 감정이나 의지로는 결코 그런 생각들을 할 수 없다고 볼 때, 그날 나는 정말 십자가에 죽은 것이 확실했다. 그런데 그렇게 나의 모든 수족과 의지는 이제 영원히 죽었고, 결코 내가 주장하거나 움직일 수 없다고 선언하고 있는 그때에, 놀랍게도 나의 오른손이 나의 의지와는 전혀 상관없이 공중에 떠오르는가 싶더니 걷잡을 수 없이 세차게 움직이는 것이 아닌가?

"아니, 나는 죽었는데 도대체 누가 나의 팔을 주장하는가? 아하, 이제 보니 이 팔은 내 팔이 아니구나. 과거에는 나의 욕심을 위한 불의의 병기였으나 이제는 내 안에 계신 그리스도께서 쓰시는 의의 병기로구나."

그날 나의 손을 주님께 봉헌했다. 이제는 정말 내가 십자가에서 죽었고, 나의 모든 것을 내 안에 계신 예수 그리스도께서 다스리신다는 것이 분명해졌다.

이런 확신이 들자 나는 용기를 내어 구했다. "주여! 저는 목회자이기에 평생 쓰임 받는 기관 중 설교와 가르침을 위한 '혀'가 무엇보다 중요한데, 이 '혀'도 십자가에서 죽었는지 알게 해 주옵소서." 그러고 나서 기다렸다. 잠시 후 나의 혀가 움직이기 시작했다. 그러고는 입 밖으로 빠져나오기 시작했다. 아, 그러고는 그 혀가 아무런 통증도 없이, 아주 유연하게 턱밑까지 빠져나온 채 40여 분을 턱에 붙어 있었다! 그 40여 분은 나의 혀가 내 것이 아님을, 오직 주님이 말씀하기 원하는 대로 쓰시는 그분의 도구임을 배우는 시간이었다.

그 후, 어느 책에선가 본 예화가 갑자기 떠오른 적이 있었다. 그 예화는 내가 준비하고 있던 설교에 더할 나위 없이 어울리는 내용이었기에, 그 예화를 찾고 싶은 마음이 무척 간절했다. 그러나 문제는 그 예화가 어떤 책에 있었는지 내가 전혀 기억하지 못한다는 것이었다. 책꽂이를 보았지만 절망스러울 뿐이었다.

그 순간 나는 다시 십자가를 생각했다. 그리고 나 자신을 일깨웠다. "이 목사, 당신은 이미 그리스도와 함께 십자가에 죽지 않았는가. 그런데 죽은 자가 어찌 염려를 한단 말인가?" 그러고는 곧이어 기도를 드렸다. "주님 저는 이미 죽었습니다. 저의 지혜로는 그 예화를 찾는 것이 불가능합니다. 그러므로 제 안에 계신 주님이 주님의 지혜로 그것을 찾아 주옵소서."

이 기도 후, 주님이 나의 시선을 인도하시는 대로 어느 한 책을 보고는 곧장 가서 뽑아들었다. 그리고, 단번에 펼친 바로 그 페이지에서 그 예화를 발견할 수 있었다! 나는 한걸음도 헛걸음을 하지 않았다.

아마 믿기지 않을 것이다. 그렇다. 그 수천 권의 책 중에서 그 한 페이지를 그렇게 단번에 찾아낸다는 것은 사실 확률적으로 불가능하다. 그러나 주님의 세계 속에서는 그것이 일상적일 수 있음을 복음서의 그리스도의 생애가 보여 주지 않았던가?

또 최근에는 한 집회에서 '십자가의 도(道)'를 강의하고, 나의 십자가 체험을 간증한 후 기도회를 했다. 안수를 한 것도 아닌데, 기도 중 사람들이 여기저기서 쓰러지는 것이 아닌가! 이런 일이 내게는 처음 있는 일이었기에, 기도가 끝난 후 쓰러져서 누워 있던 한 사람에게 왜 쓰러지게 되었는지 물어보았다. 그의 말은 이랬다. "목사님의 십자가 체험을 들으면서 '아, 저것이 바로 주님 안에 있는 안식이구나'라는 깨달음이 왔습니다. 그런 후 기도하는데 놀랍게도 예수님이 제 곁에 와 계신 거예요. 주님은 '너의 모든 짐을 내게 맡겨라. 내 품에 오라'고 하셨어요. 그러고는 저를 향해 두 손을 벌리셨지요. 그 두 손에는 못자국이 있었습니다. 저는 그곳이 집회장소인 것도 잊어버리고 오직 주님 품에 저를 맡겼습니다. 그 순간 다리에 힘이 빠지면서 쓰러지게 되었지요. 그 후 누워 있는 동안 참으로 깊은 안식을 체험했습니다."

그렇다. 예수 그리스도의 '십자가의 도(道)'는 지금도 우리 가운데 역사하고 있다! "너의 길을 여호와께 맡기라 저를 의지하면 저가 이루시고"(시 37:5)라는 말씀처럼 우리의 모든 염려와 수고스런 짐, 소원과 계획들을 십자가의 깊이로 그분의 처분에 맡기라. 그러면 반드시 내가 원한 대로 되지는 않을지라도, 오히려 주님의 지혜와 선하심과 능력 차원으로 "저가 이루시고" 영광을 나타내신다. 이런 의미에서 QT는 날마다 십자가에 하루의 모든 계획, 염려, 일정을 맡기며, 오직 주의 음성을 듣고, 주님을 좇아 저 위대한 주님의 공생애에 동참하는 '십자가의 도(道)'인 것이다.

---

9) 에이든 토저, 「하나님을 추구함」(생명의말씀사, 1980), p. 46.
10) Ibid., pp. 47~50.

내게 임한 말씀을 묵상하라

1강

유명한 천국 비유(마 13장) 중에서 대표격이라고 할 수 있는 '씨 뿌리는 비유'에서, 주님은 우리 마음 밭에 심으시는 말씀이 결코 다 자란 나무이거나 추수할 만큼 무르익은 곡식 다발이 아닌, 아직은 조그마한 씨앗일 뿐이라고 하셨다. 그러나 그 씨앗은 하나님의 말씀이기에, 그 속에는 나를 통해 이루고자 하시는 하나님의 영원한 사랑과 지혜와 계획이 마이크로칩처럼 담겨 있음도 사실이다. 그러므로 그 씨앗을 우리 마음 밭에 심어 주시는 주님의 의도는 분명하다. 즉, 그 씨앗 속에 새겨 놓으신 모든 위대한 DNA를 우리가 '묵상'이라는 영적 자궁과 '신실한 순종'의 삶을 통해 온전히 성육화해 내기를 간절히 바라시는 것이다.

이렇게 볼 때, 우리에게 임한 주의 말씀을 깊이 묵상한다는 것은 단순한 개인 경건의 기술이 아니라, 하나님의 뜻이 하늘에서 이룬 것같이 우리를 통해 우리 시대에 영글어지게 하는 구원사의 신비에 동참하는 것이다. 또한 그 말씀의 씨앗을 쪼아 먹으려는 새들이나, 뜨거운 태양과 같은 박해, 세속의 욕심과 분주함이라는 가시덤불로 덮어, 주님의 뜻이 이 땅에 이루어지지 못하도록 방해하는 사탄과 영적 전쟁을 치르는 것이기도 하다.

그러므로 우리는 무슨 일이 있어도 우리에게 임한 말씀—마음에 와닿는 말씀, 깨달음이 있는 말씀, 더 알고 싶어지는 의문이 생기는 말씀, 감성을 터치하는 말씀—을 온전히 묵상하고 적용해 30배, 60배, 100배로 결실해야만 한다!

깊이 생각하라

자, 그렇다면 과연 묵상을 어떻게 할 것인가? 우선 시편 기자의 말을 들어보자. "또 주의 모든 일을 묵상하며, 주의 행사를 깊이 생각하리이다"(시 77:12). 이 구절에서 "묵상하며"와 "깊이 생각하리이다"가 상응한다. 즉 '묵상'이란 한마디로 '깊이 생각하는 것'이라는 말이다. 이렇게 내게 주신 말씀을 주목해 깊이 생각하고 또 생각하고 있으면, 대개 어느 순간인지도 모르게 성령님이 그 '문자로 된 말씀'(written word)을 '살아 있는 말씀'(living word)이 되게 하시며, 싹을 틔우시고 꽃도 피게 하신다. 그래서 처음에는 생각지도 못했던 풍성하고도 깊은 내용을 경험하게 하신다.

예를 들어보자. 최근 나는 김남준 목사의 글에서 묵상 원리의 좋은 예를 발견했다. 그것은 그가 어느 신학교 수련회에서 설교를 부탁받고 한적한 기도원에서 말씀을 준비하던 중 경험한 사건이다.

"기도원에 들어간 그 다음날 아침 성경을 펴서 누가복음을 읽기 시작하는데 수없이 스쳐갔던 누가복음 중 한 구절이 눈에 들어왔습니다. '아이가 자라며 심령이 강하여지며 이스라엘에게 나타나는 날까지 빈 들에 있으니라'(눅 1:80). 겉으로는 평범하고 건조해 보이는 단 한 구절이었습니다. 때때로 하나님은 축축한 골짜기에서만 물을 내시는 것이 아니라 건조한 마른 반석에서도 물을 내신다는 성경의 진리를 충분히 경험하는 순간이었습니다.

이후로 3박 4일 동안 그 한 구절만 읽었습니다. 눈앞에서 잠긴 동산과도 같던 성경 본문이 열리면서 저는 그 한 절이 이루어 놓은 장엄한 진리의 숲 속으로 들어갔습니다. 아무도 밟아 보지 아니한 진리의 숲 속은 풍요로운 동산들로 가득했고 … 진리의 숲 속에서 마음껏 하나님과 사귀었습니다. 마침내 주님은 입을 여셨고 … 어떤 때는 폭풍처럼 우뢰처럼 말씀하셨고, 어떤 때는 가녀린 흐느낌이 섞인 음성으로 말씀하셨습니다. 그리고 나는 더없이 친밀함을 느꼈습니다. … 쉴새없이 쏟아지는 하나님의 말씀에 대한 깨달음은 엄청났습니다. … 그 한 구절을 통해서 말씀하시는 하나님의 음성을 급히 메모했는데 큰 종이로 무려 스물네 장에 달하는 분량이었습니다."[11]

그는 이때의 메모를 모아 두었다가 나중에 책으로 출판했는데 많은 이들이 이 책을 통해 큰 유익을 얻었다고 한다. 실로 풍성한 묵상과 좋은 결실이었다고 하겠다.

기록하라

또 한 가지 묵상의 구체적 원리 중에서 중요한 것은 펜을 들고 기록하는 것이다(물론 컴퓨터를 사용할 수도 있다). 목수에게 못과 망치가 필요하듯, 묵상하는 사람에게는 펜과 종이가 필요하다. 왜냐하면 아무리 좋은 기억력도 제일 연한 잉크로 쓴 글에 비할 수 없기 때문이다.

누가복음의 씨 뿌리는 비유(눅 8:4~15)는 이에 관해 중요한 통찰을 제공해 준다. 누가(Luke)는 일단 마음속에 임한 말씀은 어떤 시험이나 유혹 속에서도 끝까지 지켜야 한다고 강조했다. 여기서 '지키다'(카테코)라는 말은 '굳게 잡다', '꽉 잡다', '기억하다'라는 의미를 갖고 있다. 나의 경험으로 볼 때 QT에서 내게 임한 하나님의 말씀을 굳게 잡을 수 있는 가장 효과적인 방법은, 말씀이 임한 즉시 펜으로 그 본문에서 마음에 와 닿은 내용이나 깨달음, 의문, 느꼈던 것들의 핵심을 빨리 여백에 기록하는 것이다.

그런 후에는 기록한 그 종자와 같은 말씀을 깊이 생각하면서 묵상하기 시작하는 것이다. 이때에는 기록한 내용을 보면서 묵상해도 좋고, 그 말씀을 마음에 품은 채 눈을 감아도 좋다. 만일 잡념이 자꾸 떠오르고 묵상이 길을 잃으면, 다시 처음 기록한 그 종자의 말씀으로 돌아오면 된다.

이렇게 계속 묵상하다 보면, 성령 안에서 말씀과 자신의 삶에 대한 많은 깨달음이 생기는데, 이때 역시 펜을 들고 기록하는 것이 좋다. 그러면 결국 묵상이란 펜으로 써 가면서 더욱 깊어지고 명료해진다는 것을 알게 된다.

이는 단순히 우리의 경험에서만 추출한 원리가 아니다. 나는 성경을 보다가 재미있는 사실을 하나 발견했는데, 그것은 하나님께서 이 원리를 이스라엘에게 이미 가르쳐 주셨다는 점이다.

우리가 현재 주제로 삼고 있는 히브리-기독교 영성의 키워드 중 하나인 '묵상하다'(하가, hagah)라는 단어가 그 중요성에 비추어볼 때, 이미 창세기에서부터 여러 차례 쓰였으리라고 생각하는 사람들도 있을 것이다. 그러나 놀랍게도 이 중요한 단어는 '토라'로 불리는 모세오경-창세기, 출애굽기, 레위기, 민수기, 신명기-에는 한 번도 쓰이지 않았다. 그러다가 모세가 광야에서 하나님이 주신 말씀을 다 기록한 후, 가나안 정복을 위해 요단 강을 건너려는 여호수아에게 처음으로 '묵상하라'라는 말씀이 주어진 것이다.

"이 율법책을 네 입에서 떠나지 말게 하며 주야로 그것을 묵상하여 그 가운데 기록한 대로 다 지켜 행하라 그리하면 네 길이 평탄하게 될 것이라 네가 형통하리라"(수 1:8). 여기서 우리는 '펜으로 기록하는 행위'가 광야와 골방에서 임한 순전한 하나님의 말씀을, 사탄의 시험과 분주한 현실 속에서도 빼앗기거나 왜곡하지 않고 꽉 붙들어 주야로 묵상할 수 있게 해 주며, 결국 우리가 그 말씀을 하나님의 뜻대로 치우침 없이 적용할 수 있게 해 주는 탁월한 하나님의 지혜임을 알게 된다. 이런 의미에서 예수님은 하나님의 지혜를 온전히 습득해 사용하신 진정한 여호수아다. 왜냐하면 주님은 40일 광야 시험 중, 모든 사탄의 시험을 오직 "기록되었으되"(마 4:4, 7, 10) 하시면서 하나님이 광야에서 모세를 통해 기록해 주신 말씀으로 이기셨기 때문이다.

때가 이르기까지 말씀을 붙잡으라

그런데 이 묵상은 언제까지 해야 하나? 오전의 QT 시간은 제한되어 있고, 성경은 주야로 묵상하라고 하니, 어떤 기준에 맞출 것인가? 정답은, 단 하나의 절대적 기준은 없다는 것이다. 기준은 주님이 내게 주신 말씀의 씨앗의 성격에 따라서 얼마든지 달라진다. 어떤 말씀의 종자는 그것이 다 꽃피고 결실하기까지 몇 개월이면 되지만 어떤 것은 평생이 걸린다.

아브라함의 경우, 아들을 주신다는 약속의 말씀이 임한 후 25년을 기다려야 했다. 그는 그야말로 25년간 그 말씀을 묵상하며, 그 약속의 관점에 걸맞게 살아야 했다. 그가 그 말씀을 묵상하지 않고 의심했을 때, 자신과 아내의 늙어 가는 몸에 좌절한 나머지 하갈을 맞이하고 이스마엘을 낳았는데, 그것은 그의 생애에 결정적인 실수가 되었다.

주신 말씀을 계속해서 깊이 묵상하고, 그 말씀의 관점대로 볼 때만 우리는 오늘도 하나님의 뜻을 이루어 갈 수 있다. 이처럼 모든 말씀의 씨앗은 그것이 온전히 성취되는 '때'가 각각 있으니, 우리는 그 '때'가 찰 때까지 무르익은 묵상을 목표로 해야 한다.

이런 의미에서 다음과 같은 최승락 교수의 권면은 공감이 된다.

"그리스도인으로서 정말 힘든 상황은 주변에서 어려움과 난관이 몰려오고, 남이 나를 몰라주며, 외로움과 무력감이 짓누르는 순간을 만나는 것 그 자체가 아니다. 하나님의 말씀을 믿음으로 붙들면 그런 것은 아무 문제도 안 된다. 진정 비참한 것은 붙들 말씀이 없는 것이다.

성도들은 매일의 삶에서 낙담, 무기력, 좌절, 절망적인 생각, 유혹, 세상과 사람이 정도 이상으로 커 보이는 상황 등 다양한 난관을 만난다. 하지만 그때마다 말씀을 붙잡고 하나님의 관점으로 돌아가면 모든 것을 해결할 수 있다.

스스로 보는 내가 아니라 하나님이 보시는 나, 세상의 관점으로 바라보는 세상이 아니라 세상의 주인이신 그분의 관점으로 바라보는 세상은 분명 다르게 보일 수밖에 없다. 말씀의 유익을 위해 우리는 매일의 양식같이 말씀을 취해야 한다."[12]

---

11) 김남준, "시냇물 흘러 흘러" 「기독교 새 책과 베스트셀러」(생명의말씀사, 2003년 9월호), p. 1.
12) 최승락, "말씀없는 신앙은 맹목적이다", 「빛과소금」(두란노, 2004년 2월), p. 14.

관상(Contemplation)이란 무엇인가 1

'렉시오 디비나'(Lectio Divina)로 일컬어지는 '영적 독서'(Spiritual Reading)는 기독교의 가장 대표적인 영성 훈련 방법 중 하나다. 6세기에 성 베네딕트(Saint Benedict)와 베네딕트 수도회가 이를 체계화했는데, 가톨릭뿐만 아니라 개신교에서도 이러한 영성 훈련 방법을 적용한 경우가 많이 있다. 특히 종교개혁자 칼빈과 청교도 목사 리차드 백스터 등이 주장했던 '성경 묵상의 원리'는 베네딕트 수도회의 규칙에서 직접 인용한 것이기도 했으며,[13] 종교개혁자 루터의 '성경읽기 지침'과 웨슬리의 '성경읽기에 대한 조언'에서도 위에서 말한 '영적 독서'와 유사한 면을 발견할 수 있다.[14] 그렇다면 '영적 독서'란 과연 어떻게 하

는 것인가? 유해룡 교수는 '영적 독서'의 원리를 다음과 같이 요약한
다.[15]

1) 읽고자 하는 본문을 선정한다.
2) 방해받지 않는 조용한 장소를 선정한다.
3) 읽기(lectio, reading): 주어진 성경의 본문이 영혼 속으로 스며들도
   록 일정한 간격을 두면서 천천히 읽어 내려간다. 천천히 소리를 내
   면서 읽는 것이 도움이 될 수 있다.
4) 묵상(meditatio, meditation): 주어진 본문을 읽다가 마음에 어떤 특
   별한 말씀이 부딪혀 오거나 생각이나 통찰력이 떠오르면 조용히 그
   것과 함께 머물러 깊이 음미한다. 그 말씀을 기억력과 이해력과 상
   상력을 이용해-상상력을 이용한 묵상을 '관상'이라고 부르기도 한
   다-그 의미를 밝혀내고, 그것을 마음으로 느낀다. 그리고 그것을 자
   신의 존재 안으로 깊이 끌어들여 그 안에서 풍성함을 경험한다.
5) 기도(oratio, spoken prayer): 여기서는 말씀을 읽고 묵상한 후에 자
   연스럽게 흘러나오는 기도를 말한다. 즉, 그 말씀에 대해 기도로써
   응답하는 것이다.
6) 관상(contemplatio, contemplation): 하나님과의 일치 체험 단계로,
   우리와 함께하시는 하나님의 임재를 기꺼이 받아들이면서 안식하는
   것이다.

  여기까지 보며 우리가 놀라는 것은 이러한 '영적 독서'가 오늘날 우

리가 하고 있는 QT와 아주 흡사하다는 것이다. 이렇게 보면 QT란 참으로 오랜 세월을 거쳐 검증되고 그 진가가 확증된 탁월한 교회사적 지혜임을 알 수 있다. 차이가 있다면 '영적 독서'에는 '적용'에 대한 강조가 약하고, QT에서는 '관상'에 대한 이해가 부족하다는 점일 것이다. 그러나 나는 우리의 QT가 갈수록 깊어지고 온전해지려면 반드시 이 '관상'에 대한 이해를 거쳐야 한다고 생각한다. 이것은 이제까지 우리가 걸어온 여정 가운데서, 그 봉우리가 구름 속에 감추어진 미지의 높은 산을 오르는 것과 같다. 그렇기에 사실 이 짧은 지면을 통해 '관상'이라는 만만치 않은 산행을 시도하는 것은 무리한 일이다. 하지만 포기해서는 안 된다. 아브라함처럼 갈 바를 알지 못하고라도 가야 한다.

관상의 의미

우선 용어의 의미부터 규정하자. 라틴어 '컨템플라시오(contemplatio)'란 한마디로 어떤 존재의 근원을 깊이 바라보는 것이다.[16] 이런 깊은 응시 속에서 주체와 객체가 하나가 되는 것이다. 그러므로 '관상'이란 크게 둘로 그 의미를 나누어 볼 수 있다. 첫째는 '깊이 보기'요, 둘째는 '하나 됨'이다. 그리고 이 두 의미는 서로 교통한다.

'깊이 보기'로서의 관상은 '하나 됨'의 관상을 지향한다. 사실 '하나 됨'에 이르기까지 진정한 안식은 없다. 그래서 "주여, 당신을 위해 우리를 내시었으니 우리 마음이 당신 안에 쉬기까지는 안식이 없나이다"라고 했던 어거스틴(Agustine)의 고백은 우리의 온 생애가 다름 아닌 관상의 여정임을 선포하는 것이다. 그러나 앞서 말한 '관상'의 첫

번째 의미로서의 '깊이 보기'에 대해서는 좀 더 설명이 필요하다. 도대체 깊이 보는 기준이 무엇이냐는 것이다. 사사시대처럼 모두 자기 나름대로 기준이 있을 테니 말이다.

그런데 사사시대는 문제를 지적하면서 해답도 암시해 주었다. "그때에 이스라엘에 왕이 없으므로 사람이 각각 그 소견에 옳은 대로 행하였더라"(삿 21:25). 그렇다. 왕의 관점이 기준이다. 참 왕이신 하나님의 관점이 깊이의 기준인 것이다! 요컨대 가장 심오하고 깊은 '보기'란 하나님이 보시는 것처럼 보는 것이다. 그래서 '깊이 보기'로서의 관상이란 하나님이 보시기에 좋았던, 그 심히 좋았던 세계를 보는 것이다. 우리는 그런 '봄'의 순간을 경험할 때 그에 몰입하게 되고, 전율할 만큼 감동을 받게 된다.

20세기의 유명한 철학자 하이데거(M. Heideggar)는 「예술 작품의 근원」에서 "위대한 예술 작품은 일상적인 삶 속에 은폐되어 있는 근원적인 존재를 열어 보이는 데서 성립한다"고 했는데,[17] 이것은 관상 경험과 일치한다. 그래서 '관상'이란 일종의 예술 체험이며, 예술가란 관상적 세계를 열어 주는 대중적 영성가들이라고도 말할 수 있다.

소설가 이효석이 「메밀꽃 필 무렵」에서 "산허리는 온통 메밀밭이어서 피기 시작한 꽃이 소금을 뿌린 듯이 흐붓한 달빛에 숨이 막힐 지경이다"라고 표현한 것이나 "돌을 집어던지면 깨금알같이 오드득 깨어질 듯한 맑은 하늘, 물고기 등같이 푸르다"라고 묘사해 주기 전까지, 우리는 인구 5천 명의 초라한 산촌 봉평을 거들떠보지도 않았다.

그러나 그가 우리에게 그렇게 봉평을 보여 준 이후, 그곳은 현실의 물리적 공간, 하나의 행정적 지명을 뛰어넘어 우리의 고향에 대한 근원적 서정과 그 본향에 대한 절규와도 같은 그리움과 향수를 일깨우는 상징적 공간으로 우리 가슴속에 자리 잡게 되었다.

아, 그렇다면 우리는 관상의 왕을 사모한다. 이 척박한 일상을 살아가는 우리의 눈과 마음을 열어 하나님이 그토록 보시기에 좋았던 그 진짜 세계를 보게 하실 왕을, 그래서 이 땅의 험한 길을 가는 동안에도 그 관상의 세계의 희락과 감동으로 마음속 깊은 곳에서 끊임없이 맑은 가락이 울려나게 해 주실 그 왕을 말이다.

그런데 한 음성이 들려온다. "공중의 새를 보라." 그렇다. 삶의 염려와 수고에 지쳐 그저 날아다니는 새만 피상적으로 보고 있었던 우리에게, 이 음성은 그 새를 만드셨고, 지금도 그 새를 먹이시는 하나님 아버지의 임재와 돌보심이 가득한 세계를 한순간에 열어젖혀 보여 준다. 마치 "오늘 네가 나와 함께 낙원(paradise-Eden)에 있으리라"고 하신 후 지성소 휘장이 열렸던 것처럼, 저 음성은 아버지 하나님의 품, 그 고향 땅, 하나님 나라를 가로막고 있던 휘장을 걷어 낸 것이다. 그래서 이제 우리로 하여금 무한한 사랑과 능력으로 돌보시는 아버지의 품에 안겨 모든 염려를 잊고, 당당히 하나님의 아들의 눈으로 이 세상을 조망하며, 이 땅에서도 에덴의 세계를 보며 사는 관상의 사람이 되게 한 것이다.

그러므로 복음의 중요한 내용 중 하나는—표현이 좀 낯설긴 하지만—예수님이 관상의 왕으로 오셨다는 것이다. 실제로 예수님은 공생애를 시작하실 때 자신이 온 목적 중 하나가 눈먼 자를 다시 보게 하는 것이라고 말씀하셨다. 그것은 희년의 선포였다(눅 4:18~19). '희년'이란 잃어버린 에덴(가나안)의 기업을 하나님이 보시는 것처럼 보고 누리며 다스리는 권세가 회복되는 때다.

그래서 예수님은 에덴을 가로막은 휘장을 십자가로 찢어 주셨고, 부활하신 후에는 엠마오로 가던 두 제자와 예루살렘에 숨어 있던 사도들을 찾아가셔서 말씀과 마음과 눈을 열어(디아노이고) 회복된 에덴, 그 부활의 세계를 보게 해 주셨다. 그렇게 하심으로, 두려움을 모르는 엄청난 존재로 저들을 변화시켜 주셨던 것이다. 또한 다메섹에서는 사울의 눈에서 비늘을 벗겨 주심으로, 그로 하여금 하나님이 다스리는 참세계에 눈뜨게 하시고 세계 역사를 바꾸는 위대한 사도가 되게 하신 것이다.

물론 하나님이 보시는 것처럼 보는 관상의 세계는 하나님 보시기에 좋았던 것뿐 아니라 하나님 보시기에 악한 것도 보는 것이다. 그렇게 보며 관상할 때, 예루살렘을 보고 우셨던 예수님처럼 우리도 울게 될 것이다. 하나님이 보시는 대로 죄를 관상한다면, 우리는 하나님의 가슴속에서 일어나는 것과 같은 말할 수 없는 탄식과 긍휼과 기도가 나오게 될 것이다.

관상과 QT

그러면 이제 하나님이 보시는 것처럼 보는 '깊이 보기'로서의 관상이 우리의 QT에서는 어떻게 적용될 수 있는지를 얘기해 보자. 무엇보다도 먼저 QT는 정해진 성경 말씀에서 시작한다. 그러므로 여기서의 관상은 본문을 깊이 보는 것이다. 이는 사실 하나님과의 하나 됨의 상태를 의미하는 관상과는 다르다. 그래서 어떤 이는 하나님과의 하나 됨을 목표로 한 관상을 완전한 관상이라 하고, 본문을 깊이 본다는 의미에서의 관상을 불완전한 관상이라 부르기도 한다.[18] 더 쉽게는 이것을 통상 우리가 이해하는 묵상 중에서 깊은 묵상의 한 방법으로 분류할 수도 있겠다.

그러나 정말 중요한 것은 이것에 어떤 이름을 붙이느냐가 아니라 실제로 본문을 하나님이 보시는 것처럼 보려면 어떻게(how) 해야 하느냐는 것이다. 성경은 하나님의 영의 감동으로 쓰여진 것이다. QT란 그 말씀 가운데서도 특별히 우리에게 의미 있게 주시는 말씀을 받는 것인데, 이 또한 하나님의 깊은 것을 통달해 아시는 성령의 영역이다. 그리고 누가복음 24장에서 보듯이 제자들에게 말씀과 마음과 눈을 열어 주신(디아노이고) 분은 오직 부활하신 주님이고, 이제는 그분이 보내신 성령님이 그 일을 하신다. 그러므로 우리가 이 관상에 들어서기 위해서는 "내 눈을 열어서 주의 법의 기이한 것을 보게 하소서"(시 119:18)라고 전적으로 성령님의 도움을 청해야 한다.

그런데 말씀 연구에서 우리의 지성을 많이 사용하시고, 묵상에서 우리의 마음을 사용하셨던 성령님은 이 깊은 묵상 또는 관상에서는 우리의 상상력을 사용하신다. 바로 이 부분이 다른 모든 묵상과 관상을 구별 짓는 주요한 지점이다. 우리가 본문을 통해 하나님이 보셨고 또한 보여 주시는 그 깊은 세계를 보고 경험하려면 반드시 상상력을 사용해야 한다.

유진 피터슨(Eugene H. Peterson)은 이렇게 말한다. "비가시적인 진리에 집중하는 크리스천들에게 상상력은 없어서는 안 될 필수적인 요소이다. 왜냐하면 우리가 사실 또는 진리를 전체적인 정황에서 볼 수 있도록 도와주는 유일한 수단이 바로 상상력이기 때문이다."[19]

13) 메조리 J. 톰슨, op. cit., p. 57.

14) 박영만, 「전인적 묵상」(은성, 1999), p. 198.

15) 유해룡, 「하나님 체험과 영성수련」(장로회신학대학교 출판부, 1999), pp. 261~263.

16) Ibid., p. 91.

17) 한국 철학사상 연구회 편, 「문화와 철학」(동녘, 2000), p. 116.

18) 유해룡, op. cit., p. 123.

19) 유진 피터슨, 「성공주의 목회신학을 포기하라」(좋은씨앗, 2002), p. 219.

관상(Contemplation)이란 무엇인가 2

어떤 집회에서 말씀을 전하기로 한 적이 있었다. 나는 조용한 골방을 찾아 설교본문인 여호수아 5:13~15 말씀을 펼쳐 놓고 묵상하며 내 마음을 하나님 앞에 쏟아 냈다.

어느 정도 시간이 지나자 마음이 안정되며 본문 말씀이 눈에 들어오기 시작했다. 그 본문의 세계가 내 상상력의 캔버스에 현실처럼 그려지기 시작했다. 특히 "여호수아가 여리고에 가까웠을 때에"라는 대목이 '이상규 목사가 말씀을 전해야 할 집회가 가까웠을 때에' 라고 읽혀지면서, 마치 내가 여호수아가 되어 잔뜩 긴장한 채, 난공불락의 여리고 성을 향해 여리고 평원을 가로질러 가고 있는 듯했다. 그때 나는 여호수아의 눈과 가슴으로 생사를 건 이 전투에서 꼭 이겨야만 한다는 각오를 하는 한편, 혹 이 평원 어디엔가 여리고 성의 매복조가 있을지도 모른다는 불안 때문에 눈을 부릅뜨고 좌우를 경계하며 조심스럽게 전진하고 있었다.

그런데 바로 그 순간 어떤 사람이 손에 칼을 빼어 들고는 내가 가는 길을 턱 막아선 것이다. 얼마나 놀랐는지! 놀란 심장의 박동 소리를 느끼면서 나는 거의 외마디 소리를 지를 수밖에 없었다. "너는 아군이냐 적군이냐!"

지면 관계상 결론만 얘기한다면, 성령님이 이끌어 주시는 상상력으로 내가 본문의 사건 속에 들어가 현장을 체험했던 이 경험은, 마치 내가 실제로 겪었던 인생의 한 부분처럼 잊혀지지 않고 지금까지도 내게 큰 힘과 깨달음을 주고 있다는 것이다.

이러한 깊은 묵상은 내가 상상력을 통해 본문 속에 들어가 그 현장의 한 사람이 되어, 그 사건을 보고 듣고 느끼며 경험하게 한다. 그리고 그 경험은 인생의 실제 경험처럼 추억되고 쌓여서, 우리의 영성과 관점을 하나님의 관점으로 만들어 간다. 우리는 이를 '관상'(Contemplation)이라고 한다.

그러나 이러한 방법, 즉 상상력을 통한 묵상 방법에 거부감을 느끼는 사람도 있다. 이는 아마도 상상이란 실제로는 없는 것을 조작하는 것이라는 선입관 때문일 것이다. 물론 그 견해가 완전히 틀린 것은 아니다. 요즘 볼 수 있는 〈매트릭스〉나 〈반지의 제왕〉, 〈해리포터〉 등의 영상물은 과연 현실에는 없는 세계를 상상력으로 꾸며 낸 것이 틀림없다. 그러나 오히려 우리는 그것들을 통해 사람에게는 엄청난 상상력이 있다는 사실과, 그 상상력을 통해 사람이 온 우주나 영원한 세계, 역사의 종말이나 초월적 세계의 신비까지도 마음껏 표현하고 느낄 수 있다는 것을 알게 된다.

그러므로 뒤집어서 생각해 보면, 상상력은 태초부터 새 하늘과 새 땅에 이르기까지 모든 구속 역사와, 영적 세계에 대한 하나님의 말씀을 관상으로 경험하고 깨닫게 할 수 있는 인식의 특별한 기관으로 주어졌다고 할 수 있다. 다만 인간의 타락으로 인해 상상력도 타락한 욕구를 위한 시녀가 되어 버렸고, 왜곡된 상상물을 만들어 내게 된 것이 문제이다.

이러한 설명에도 불구하고 또 다른 의문이 제기될 수 있다. 즉, 비록 상상력의 가치를 인정한다 할지라도 상상의 세계는 어디까지나 상상이지 현실이 아니지 않느냐는 것이다. 과연 그러한가?

에스겔서 37장을 보라. "여호와께서 권능으로 내게 임하시고 그 신으로 나를 데리고 가서 골짜기 가운데 두셨는데 거기 뼈가 가득하더라 나를 그 뼈 사방으로 지나게 하시기로 본즉 그 골짜기 지면에 뼈가 심히 많고 아주 말랐더라"(겔 37:1~2).

이 유명한 말씀의 내용은 현실이 아니다. 에스겔이 체험한 일종의 환상이다. 그들의 현실은 대국의 문화 속에서 생존 자체는 보장되었고, 실제적으로 먹고 살 만도 했다고 볼 수 있다. 그러나 이러한 현실에 대한 그 어떤 분석도 저 바짝 마른 뼈의 환상보다 정확하지 못하다. 즉, 10년 이상 바벨론 포로 생활을 하며 민족 회복의 소망을 완전히 상실한 이스라엘의 영적 실상은 실제로 마른 뼈 무더기 그 자체였던 것이다.

에스겔이 본 환상 속에서는 그 뼈 무더기에 생기가 들어가 엄청 큰 군대로 살아나게 된다. 그러나 포로 된 이스라엘의 현실 인식 속에서는 그런 소망을 티끌만큼도 느낄 수 없었다. 그러므로 포로기의 이스라엘이 현실을 정확하게 인식하고 해석할 수 있는 길은, 그 현실 자체를 더욱 치열하게 분석하는 것이 아니었다. 오히려 에스겔이 보았던 그 환상의 메시지를 깊이 묵상하여, 그 환상의 눈과 가슴으로 현실을 해석하고 보는 데 있었다.

그런데 그 마른 뼈 환상이란 다름 아닌 하나님의 상상이 아니던가! 즉, 그것은 하나님이 보시는 이스라엘의 현재와 미래며, 하나님의 이 상상은 유일하게 참된 현실이었던 것이다! 하나님이 생각하시고 말씀하시면 무(無)에서도 만물이 창조되는 것이다. 에스겔은 다만 '성령님의 권능'에 이끌려 참된 현실—하나님이 보고 계시는 그 세계 속에 관상으로 참여한 것이다.

그렇다. 우리가 보고 듣고 느끼는 이 '현실'이란 실상 우리의 의식과 무의식에 가득 찬 이 시대의 왜곡된 상상력과 전통, 이데올로기, 문화가 쌓여 해석되고 느껴지는 것이다. 그러므로 그 자체가 절대적으로 옳다고는 그 누구도 말할 수 없다. 오히려 날마다 하나님의 말씀을 깊이 묵상하며, 성령님이 열어 주시는 새로운 상상력의 세계, 하나님이 보시는 세계를 관상하며 그것이 마음에 가득 쌓여 갈 때, 거기서 새롭게 눈뜨는 현실 인식이 우리로 하여금 하나님이 보시는 본래의 현실을 보게 해 줄 것이다.

이런 의미에서 노벨상을 수상한 시인, 밀로츠(Milosz)의 다음과 같은 말은 귀한 통찰력을 제공한다. "상상력은 이 세상을 고향으로 만들 수도 있고, 감옥이나 전쟁터로 만들 수도 있다. 당신이 이 세상을 어떻게 보는가, 즉 고향으로 여기는가 아니면 감옥이나 전쟁터로 여기는가를 결정하는 것은 눈에 보이지 않는 세계다. 어느 누구도 '객관적인' 세계에 살지 않는다. 모두 상상력을 통해 여과된 세상에 살고 있다."[20]

자, 그럼 이쯤에서 상상력을 통해 본문을 보는 관상의 예를 하나 더 들어보자. 다음의 내용은 「내면을 치유하는 기도」(How to Pray for Spiritual Growth)의 저자 시어도어 답슨 (Theodore E. Dobson)이 아기 예수께서 구유에 누워 계신 장면을 관상한 것이다.

"나는 베들레헴 장면을 재현했다. 차가운 밤공기를 느끼며 바닥에 깔린 축축한 짚 냄새를 맡고 안쪽에서 '음매' 우는 동물 소리를 들었다. 마구간 안에 들어가 구유에 누인 아기 예수를 보았는데, 마리아와 요셉은 아기에게 사랑을 나누어 주고 있었다. 둘 다 피곤한 몸이었지만 희망에 차 있었다. 나는 그들을 내려다보고 계신 아버지의 임재를 느꼈다. 이어 아기 예수에 대한 자랑과 기쁨의 감정을 나에게 대입해, 그것이 처음부터 나를 위한 자랑이요 기쁨인 양 경험했다. 나는 하나님의 자녀라는 깊고 안전한 정체감을 찾았으며, 내가 되어야 한다거나 되고 싶었던 모습이 아닌, 하나님께 지음 받은 본래 모습 그대로 사랑받는다는 사실을 알았기 때문에 내 힘과 잠재력의 한계도 잘 받아들일 수 있게 되었다."[21]

나는 여기에서 독자들에게도 실습할 기회를 주고 싶다. 우선 간략히 조언을 한다면 다음과 같다.

1) 적절한 본문을 택하는 것이 좋다. 왜냐하면 잠언이나 시편, 서신서 등과 같이 추상적 교훈이나 교리적인 내용은 관상(contemplation)보다는 묵상(meditation)이 여전히 효과적이기 때문이다. 관상을 위해서는 구약의 역사서나 신약의 복음서, 사도행전 등과 같이 생생한 역사적 사건이 담긴 본문이 좋다.

2) 본문이 정해진 후에는 "내 눈을 열어서 주의 법의 기이한 것을 보게 하소서"(시 119:18)라고 기도하는 심정으로 성령의 임재와 인도를 구하라.

3) 선택한 본문의 내용과 사건들이 온전히 파악되기까지 반복해서 읽으라.

4) 본문을 주의 깊게 읽는 중 마음에 와 닿는 사건이나 인물이 있으면 그것을 붙들고 상상력을 통해 본문 속으로 들어가라.

5) 성령님이 허락하시는 대로 상상력을 사용해 가능한 한 그 본문의 사건을 생생하게 직접 경험해 보라.

그렇다면 이제 누가복음 2:22~38의 본문으로 시도해 보라. 당신은 여기서 시므온의 입장이 될 수도 있다. 이제 시므온의 눈으로 저기 성전 입구에서 한 아기를 안고 들어오는 마리아와 요셉을 보라. 평생 동안 메시아를 기다린 당신은 그 순간 무엇을 느끼는가? 성령님이 허락하신다면 당신은 안나를 만나 그녀가 과부가 된 후에 어떻게 신앙 생활을 해 왔는지 질문하고, 대답을 들어 볼 수도 있다.

당신은 마리아나 요셉이 되어 볼 수도 있다. 만약 당신이 마리아가 된다면, 그날 시므온이란 낯선 노인이 상기된 표정으로 다가와, 말할 수 없이 감격해하며 축복해 주는 말들을 듣는 것은 참으로 기이한 사건이 될 것이다. 또한 시므온의 가슴 섬뜩한 경고의 예언 역시 평생 잊혀지지 않고 가슴에 새겨진 말씀이 될 것이다. 그래서 이 관상이 끝난 후에 비로소 당신은 예수 그리스도께서 십자가에 못 박히시기 전까지 마리아의 내면 속에 얼마나 깊은 고뇌와 간곡한 기도가 있었는지를 처음으로 알게 될 것이다. 나는 성령님이 당신을 어떻게 이끄실지 모른다. 그러므로 이제 당신을 그분께 위탁한다.

20) 유진 피터슨, op. cit., p. 220
21) 시어도어 답슨, 「내면을 치유하는 기도」(두란노, 2002), pp. 162~163.

참된 안식을 누리는 QT

앞에서 우리는 상상력을 통해 본문을 보는 관상(contemplation)에 대해서 배웠다. 그런데 이러한 관상적 성경읽기는 우리가 생각하는 것 이상으로 공동체와 역사를 형성하는 엄청난 힘을 갖고 있다. 그 증거 중 하나가 세대 단절 없이 전 세계에 영향력을 끼치고 있는 유대 민족 이다.

성경의 유대적 배경을 연구한 바 있는 이진희 목사는 유대인들의 성경읽기에 대해 다음과 같은 정보를 제공해 준다.

"랍비들은 율법을 읽는 사람이라면 누구나 자기 자신을 처음 그 계 명이 주어질 때 시내 산 아래서 하나님의 음성을 직접 들었던 사람들

가운데 하나로 생각하고 그 말씀을 읽어야 한다고 가르쳤다. 유대인들은 출애굽기를 읽을 때, 자신을 출애굽하는 이스라엘 백성 가운데 한 사람으로 생각하고 읽는다.

말씀을 읽으면서 그들 가운데 하나가 되어 애굽에서 노예 생활을 하고, 광야를 지나가기도 한다. 그런가 하면 갈라진 홍해를 건너기도 하고, 여리고 성이 무너지는 광경을 바라보기도 한다. 이처럼 성경을 단순히 읽고 묵상하고 공부하는 것이 아니라 성경 속으로 자신이 직접 들어가는 것이다.

그렇게 함으로 성경을 2,000년 전, 3,000년 전의 이야기가 아니라, 바로 지금 여기에서 일어나고 있는 이야기로 받아들이는 것이다."[22]

그렇다면 유대인들은 오래 전부터 관상적 성경읽기를 해 온 것이다. 그것도 유월절 절기 등에서 보듯, 온 민족이 동일한 시간, 동일한 본문 속에 들어가 동일한 노예 체험과 출애굽을 경험함으로 같은 민족으로서의 무서운 동질성과 역사 의식을 갖게 되었던 것이다.

이처럼 개인의 QT나 관상 체험으로 그치는 것이 아니라, 민족 전체가 공동체적 관상 훈련과 체험을 할 때, 비로소 교회는 시대정신의 격랑 속에서도 정체성을 유지하며 세상의 빛이 될 수 있는 것이 아닐까?

그런데 우리가 이제까지 얘기한 것은 관상의 두 범주인 '깊이 보기'와 '하나 됨'(합일) 중에서 전자에 대한 설명이었다. 우리는 아직 하나님과의 하나 됨(합일)이라는 의미에서의 관상은 거론도 하지 못했다.

사실 이 관상은 설명하기가 쉽지 않다. 더욱이 하나님과의 합일이란 체험의 영역이기 때문에 자세히 설명하는 데 한계가 있다. 그러므로 나는 욕심을 버리고 우리가 하고 있는 QT의 여정에 유익되고 필요한 만큼으로 그 내용을 제한하려 한다.

지성소에 머무는 시간

현재 우리가 머물고 있는 지점은 QT의 제3단계 지성소 안이다. 여기서 우리는 본문읽기, 묵상, 상상력을 사용한 관상이 경험된다. 즉, 이곳은 하나님이 하신 말씀을 듣고 묵상하며 관상하는 장소인 것이다.

그러나 한 번 더 생각해 보라. 우리가 이 지성소에 있어야 할 궁극적인 목적은 무엇인가?

저 지성소에 계신 분이 과연 우리의 아버지요 우리가 그분의 아들이라면, 또한 그곳에 임재해 계신 분이 우리의 신랑이요 우리가 그분의 신부라면, 우리가 지성소에 있는 유일한 목적이 그분과 깊은 대화를 하기 위함일 뿐이겠는가?

우리는 여기서 한 걸음 더 나아가야 한다. 합일에 이르는 관상이란, 하나님이 하신 말씀과 사역으로부터, 이제는 그 하나님께로 우리의 온 시선과 마음을 돌리는 것이다. 그분만 바라보는 것이다. 메조리 J. 톰슨의 말을 들어보자.

"우리는 관상을 통해, 하나님과 대화하는 차원에서 나아가 사랑의 눈길을 주고받는 교제의 차원으로 옮겨 갈 수 있다. 이때 말은 사라지고, 우리 영혼의 연인이신 하나님이 존재한다는 사실만이 명백한 현실로 남게 된다. 우리가 하나님의 말씀을 듣거나 그분과 대화하려는 노력을 다하고 나서 하나님 앞에 조용히 앉아 있을 때, 성령이 우리 안에서

신비로운 치유의 활동을 행하신다. 즉, 우리 자신의 속박으로부터 자유롭게 하시며, 새로운 삶을 살게 하시며, 우리 영혼을 아름답게 회복시켜 주신다…. 이러한 하나님과의 교제는 다른 목적을 위한 수단이 아니라, 그것 자체가 하나의 목적이 된다. 다시 말해서, 우리는 하나님 앞에서 좀 더 충성된 종이 되기 위해서 관상기도를 하지 않는다. 우리가 관상을 하는 유일한 목적은 하나님을 찬양하고 그분을 즐거워하는 것, 다시 말해 신의 사랑을 영화롭게 하는 것이다"[23]

이제 우리는 관상을 통해, 꼭 일을 해야만 인정받는 애굽의 노예가 아니라 이미 영원히 사랑받는 아들이 되었기에 아버지의 품속에 거하며 자유와 안식을 누릴 수 있다.

그렇다면 QT에서 하나님과의 하나 됨을 위한 이 관상을 어떤 식으로 시도할 것인가?

우리가 기대하는 가장 자연스러운 흐름은, 본문읽기를 통해 내게 임한 말씀을 깊이 묵상한 후, 마치 만족스럽게 젖을 먹은 아기가 이제는 엄마 품에 안겨 평안히 쉬듯이 그렇게 관상으로 들어가는 것이다.

이때 어느 정도 관상에 이르려 한다면, 최소한 10분 이상은 미동도 하지 않을 수 있는 편안한 자세를 취한 후, 눈을 감고, 침묵 속에서, 그곳에 영으로 현존해 계신 하나님께 모든 것을 맡긴 채, 고요히 앉아 있는 것이 좋다.

때로 이러한 기다림은 시간만 낭비하는 듯 여겨지기도 하지만 사실은 그렇지 않다. 하나님의 임재와 돌보심에 모든 것을 맡긴 채, 오직 하나님을 사랑으로 응시하며 기다린다는 자체만으로도, 영혼의 가장 깊은 곳에 거대한 변화를 일으킨다.

즉, 우리가 하고 있는 관상이 아무런 느낌이나 효력 없는 듯 여겨질 때조차도, 우리 영혼의 심연에서는 영성의 중심축이 서서히 하나님 중심으로 바뀌어 가고 있으며, 기이한 안식과 하늘의 평강의 샘들이 여기저기서 터지는 중인 것이다.

그래서 그날 전혀 QT가 안 되고 관상도 무미건조했다고 생각했는데, 막상 집을 나서면 무의식 저변에서는 마음의 큰 중심이 이미 하나님을 향해 있고, 잔잔한 기쁨과 찬양이 종일 흘러나오게 된다.

지금까지의 여정

이쯤에서 나는 독자들을 위해 준비기도로부터 관상에 이르기까지, 그동안 말해 왔던 QT의 단계별 요점을 설명하고 전체 흐름과 맥락을 정리해 볼 필요를 느낀다.

QT의 1단계	QT의 2단계	QT의 3단계	QT의 4단계
애굽 → 홍해	제단	지성소(법궤)	→ 가나안 요단 강
조용한 시간과 장소를 정한다	준비기도	본문읽기와 묵상	적용기도와 적용

준비기도는 하나님의 음성을 듣기 전에 먼저 자신의 마음속에 있는 욕심, 조급함, 고정관념, 염려 등을 일단 십자가 앞에 내려놓고 자기를

부인하며 주께서 무슨 말씀을 하시더라도 듣고 순종하겠다는 마음이 되도록 준비하는 것이다. 그런 후 이제 읽을 본문을 통해 하나님의 음성을 들을 수 있도록 성령님의 임재와 인도를 구한다.

본문읽기는 오직 진리의 영이신 성령님의 인도에 힘입어 본문을 2~3회 읽으며 '오늘 나에게 주시는 말씀'(마음에 와 닿는 말씀, 깨달아지는 말씀, 의문이 생기는 말씀, 느낌이 있는 말씀)을 찾는 과정이다.

묵상은 '오늘 나에게 주신 말씀'에 관해 그 말씀의 의미와 왜 이 말씀을 주셨는지, 어떻게 적용해야 할지 등을 성령님께 물으며 깊이 생각하는 과정이다. 이때, 경우에 따라서는 '상상력을 통한 깊은 묵상'(관상)을 할 수도 있다.

관상은 젖을 다 먹은 아기가 엄마 품에서 쉬듯, 이제는 하나님이 주신 말씀묵상과 적용에 대한 부담으로부터, 그 말씀을 하신 하나님께로 마음과 눈길을 돌려, 고요한 침묵 속에서, 오직 현존하시는 그분만을 사랑으로 응시하는 것이다. 이것은 마치 예수님이 아버지 품속에서 한없는 사랑으로 아버지를 보시며, 하나 됨과 안식을 누리시는 것(요 1:18)처럼, 하나님의 임재 안에서 평화롭게 머무는 것이다. 이렇게 할 때 사역과 성공의 노예로 전락한 우리의 내면은 자유로운 아들의 형상으로 점점 더 회복된다. 이처럼 우리의 QT는 이제 단순히 하나님의 음성을 듣는 단계에 머물지 말고, 하나님과 하나 됨에서 오는 참 안식에까지 이르러야 하겠다. 이렇게 할 때 내가 무언가를 해야 한다는 적용에 대한 강박적인 부담이 해소되고, 순전하게 주님이 주신 관점과 능력에 따라 주님과 함께 적용하려는 태도가 형성된다. 그러므로 최소한 10분이라도 관상의 시간을 가져 보라.

22) 이진희, 「성지에서 본 성서」(쿰란출판사, 2003), p. 4.
23) 메조리 J. 톰슨, op. cit., p. 97.

10부 이제 가나안으로

적용의 업그레이드를 위하여

어떤 이들은 변화산의 베드로가 그랬던 것처럼 "주여 우리가 여기 있는 것이 좋사오니"라며 광야(골방)에서의 지성소 체험에 머물러 있기를 원한다. 그러나 하나님의 계획은 우리가 광야에 성전이나 수도원을 짓고 머물거나, 골방에서 묵상과 관상만 하고 있는 것이 결코 아니다. 또 한 번의 자기부인인 요단 강을 건너 혼탁하고 분주한 일상과 역사의 한복판에 들어서는 것이다. 그렇게 현실의 여리고에 직면하고, 광야와 골방에서 주신 말씀을 주야로 묵상하면서, 여호수아처럼 가나안을 새로운 에덴-하나님 나라로 변화시키는 것이다. 이것이 하나님의 큰 뜻이요, 역사 전체를 관통하며 지금도 만유의 회복을 위해 일하시는 그분

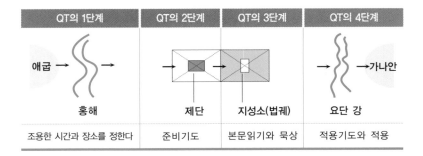

QT의 1단계	QT의 2단계	QT의 3단계	QT의 4단계
애굽 → 홍해	제단	지성소(법궤)	요단 강 → 가나안
조용한 시간과 장소를 정한다	준비기도	본문읽기와 묵상	적용기도와 적용

의 구속사의 열심이다. QT는 이 하나님의 경륜의 걸음을 나의 일상, 나의 걸음, 나의 하루의 삶과 온전히 통합하는 것이며, 하루하루를 이런 영원한 여정, 위대한 재창조의 목표에 일치시키는 것이다. 이상의 모든 의미를 한 단어로 요약한 것이 그림의 제4단계인 '적용'이라고 할 수 있다.

그런데 만약 우리가 들은 말씀을 적용하지 않는다면 이 세상은 어떤 상태가 될까? 하워드 헨드릭스는 「삶을 변화시키는 성경연구」에서 해석이나 묵상만으로 '적용'을 대치하려 할 때 벌어질 수 있는 심각한 결과를 한 실화를 통해 보여 준다. 그것은 키티 제노비스라는 젊은 여인에게 일어난 사건이다. "이 여인은 뉴욕의 한 고급 주택가에서 치한에게 공격을 당해 얻어맞고, 강간당하고, 결국 살해되었다. 사건 후, 기자들은 범행에 대한 실마리를 얻기 위해 수많은 이웃을 인터뷰했다. 놀랍게도 38명이 키티의 비명을 들었다고 한다. 그중 몇몇 사람은 그 광경을 목격하기까지 했다. 그러나 그 여인을 돕기 위해 나온 사람은 한 명도 없었다. 오직 한 사람만 전화로 경찰에 신고했다. 어떻게 여러 사람이 알고 있는 상황 가운데 악질적으로 반복해서 공격을 당하는 일이

가능하며, 또 아무도 도우려고 하지 않는 일이 벌어질 수 있단 말인가?"[24]

그러면서 그는 바로 이 사건이야말로 적용되지 않는 지식의 비극성을 여실히 드러낸다고 지적한다. 이렇듯 '적용'이 중요한데도 왜 우리는 '적용'이라는 주제를 만나면 막연해하고, 선뜻 발걸음을 떼지 못한 채 주저하는 것일까? 더 정확히 말해서, 왜 우리는 '적용'을 힘들어하는가? 그 이유는 크게 다섯 가지로 볼 수 있다.

첫째, 묵상이 충분히 무르익지 않았기 때문이다. 다 익은 과일이 저절로 떨어지듯, 묵상이 무르익으면 적용이 절로 된다고 할 만큼 쉽게 느껴진다.

둘째, 적용을 '내'가 하려고 하기 때문이다. 즉 자기중심적으로, 강박적으로 적용에 집착할 때 적용이 힘들게 느껴진다. 물론 적용된 삶을 사는 것은 분명 '나'다. 그러나 우리는 포도나무가 아니라 포도나무 가지다. 예수님은 "나를 떠나서는 너희가 아무것도 할 수 없음이라"고 말씀하셨다(요 15:5).

그러므로 적용은 '내'가 하는 것이 아니라, 주님께 맡겨서, 주님과 함께, 주님이 이루시게 하는 것이어야 한다(요 15:7, 시 37:4~5). 그러기 위해서는 적용을 하기 전에, 주님께 모든 것을 맡기고, 주님만 바라보고, 주님 품에 거하는 관상의 시간을 가질 필요가 있다. 이렇게 할 때 적용에 대한 지나친 집착에서 오는 긴장감이 정화되고, 하나님의 임재와 지혜의 관점으로 적용을 시도하기가 훨씬 쉬워진다.

셋째, 내게 주어진 말씀을 어떻게 삶 속에 적용할 수 있는지에 대한 구체적인 선례나 방법을 많이 접하지 못했기 때문이다.

이것은 어찌 보면 상식적인 얘기다. 왜냐하면 한국 교회에 QT가 도입된 것은 그야말로 근래의 일이기 때문이다. 그러므로 한국의 개신교가 하나님의 말씀을 삶 속에, 그것도 구체적으로 깊이 적용하며 살아가는 성숙한 본보기를 보여 주지 못했다는 점은 대부분 인정하는 바다. 이러한 사실을 나는 최근 유럽이나 미국의 여러 곳을 다니면서 더욱 체감하게 되었다. 서구인들의 삶 속에는 기독교적인 가치관과 삶이 인격화되고 문화화되어 있어 그들 속에 있기만 해도 '아, 저렇게 하면 되겠구나' 하는 '적용'의 지혜를 얻게 될 때가 많았던 것이다.

그런데 정말 우리가 구체적인 '적용'에 대한 지혜를 배우기 위해 주목해 볼 만한 것은, 유대인들의 토론식 탈무드 공부 방식이다. 유대인들의 자녀 교육을 심도 있게 연구한 바 있는 현용수 박사는 직접 유대인들이 탈무드로 토론하는 수업에 참여한 경험을 소개해 준다.[25]

그 수업에서는 탈무드 중에서도 경제 문제를 주제로 한 토론이 벌어졌는데, "농장주가 일꾼에게 내일 아침에 밭에 나와 일을 하도록 부탁했다. 그런데 아침에 비가 와서 일을 할 수가 없었다. 이런 경우 주인이 일꾼들에게 일당을 주어야 하느냐 안 주어도 되느냐" 하는 문제와 "일당을 줄 때 혹은 안 줄 때 그 근거는 무엇인가" 하는 주제가 제시되었다.

현 박사는, 이 주제 하나를 놓고 랍비와 학생들이 끝없는 질문과 답변을 주고받으며, 거기서 생길 수 있는 모든 가능성에 대해 토론해 나가는 모습을 보고 놀랐다고 한다. 그러므로 어려서부터 이러한 토론과 사고 훈련을 받은 유대인들이 일상적인 삶에서뿐 아니라, 변호사나 학자가 되었을 때 그토록 우수할 수밖에 없지 않겠느냐는 것이다.

과연 탈무드가 2천여 명의 유대인 지혜자들이 약 1천 년에 걸쳐 편찬한 총 1만 2천 쪽에 달하는 방대한 책이요, 내용에 있어서도 그들의 사상과 철학, 문학, 역사, 과학, 의학, 법률, 율법, 일반 생활 등 모든 것이 망라되어 있다면,[26] 그리고 그들 스스로가 앞서 말한 토론 방식으로 탈무드에서 구체적인 적용을 찾아낼 수 있다면, 실로 저들은 적용의 천재들이라고 말할 수 있다.

물론 우리는 그리스도인이다. 우리가 그들의 제자가 될 수는 없다. 그럼에도 불구하고 그들에게서 도전과 자극을 받을 수는 있다. 즉, 우리에게는 랍비나 탈무드의 모든 지혜보다도 무한히 지혜로우신 성령님이 계신다. 따라서 우리는 성령님과 더불어, 적용에 대해 구체적으로 물어보면서 토론할 수 있는 것이다. 그렇기에 그리스도인이 되기 전에 유대주의 최고의 엘리트였던 사도 바울도 성령 안에서 구체적인 적용을 하라고 권면한다.

"오직 하나님이 성령으로 이것을 우리에게 보이셨으니 성령은 모든 것 곧 하나님의 깊은 것이라도 통달하시느니라"(고전 2:10).

"내가 이르노니 너희는 성령을 좇아 행하라"(갈 5:16).

"그런즉 너희가 어떻게 행할 것을 자세히 주의하여 지혜 없는 자같이 말고 오직 지혜 있는 자같이 하여 세월을 아끼라 때가 악하니라 그러므로 어리석은 자가 되지 말고 오직 주의 뜻이 무엇인가 이해하라 술 취하지 말라 이는 방탕한 것이니 오직 성령의 충만을 받으라"(엡 5:15

~18).

넷째, '생각의 틀' 또는 '존재'가 아직 온전하게 그리스도인답게 형성되지 않았기 때문이다. 만약 가시나무에게 무화과 열매를 맺으라고 요구한다면, 가시나무가 어떤 반응을 보일까? 혹시 우리가 '적용'을 앞두고 보이는 태도와 비슷한 모습이 아닐까? 주저하고 한숨 쉬고 막연해하다가 포기해 버리는…. 예수님은 이 주제에 대해 명쾌하게 지적하셨다. "못된 열매 맺는 좋은 나무가 없고 또 좋은 열매 맺는 못된 나무가 없느니라 나무는 각각 그 열매로 아나니 가시나무에서 무화과를, 또는 찔레에서 포도를 따지 못하느니라 선한 사람은 마음의 쌓은 선에서 선을 내고 악한 자는 그 쌓은 악에서 악을 내나니 이는 마음의 가득한 것을 입으로 말함이니라"(눅 6:43~45).

다시 말하면, 사람의 언행은 마음속 깊은 곳에 묵상되고 쌓인 선악의 가치관, 인생관, 세계관에 따라 자연스럽게 흘러나온다는 것이다. 그러므로 그 사람의 '생각의 틀' 혹은 '존재'가 "좋은 나무"요 "선한 사람"이라면 선하신 하나님이 주신 말씀을 적용하는 데 마음에 거슬림이 없을 뿐 아니라 기뻐하기까지 할 것이다.

그런데 문제는, 그리스도인다운 가치관이나 '생각의 틀', '존재'라는 것은 QT 하는 그날 하루 동안에 형성해 낼 수 없다는 데 있다. 물론 매일의 QT를 통해 주님의 임재를 경험하며, 내게 주신 말씀을 깊이 묵상하고, 현실 속에 적용해 가는 자체가 우리 '생각의 틀'과 '존재'를 조금씩 변화시키고 형성해 가는 과정임은 분명하다. 그러나 여기서 말하고 싶은 것은, 그리스도를 닮은 가치관이나 '생각의 틀', '존재'를 그

뿌리와 본질로부터 형성해 가는, 좀 더 전략적이고도 포괄적인 훈련이 QT와 병행되어야 한다는 것이다. 이 부분에 대해서는 철학자요 현대 영성의 거장인 달라스 윌라드만큼 탁월한 가르침을 제시하는 이를 찾기도 어려울 것이다.

그는 「하나님의 모략」에서 우리 내면의 자아를 그리스도의 마음을

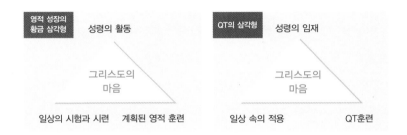

닮은 자아로 변화시키는 세 가지 요소를 다음과 같은 삼각형(그는 이것을 '영적 성장의 황금 삼각형'이라고 부른다) 도식을 통해 제시한다.[27]

그는 말한다. "삼각형의 세 각은 상호간에, 그리고 영적 성장의 전체 목표에 절대 필수적인 것이다. 어느 것도 단독으로는 성과를 낼 수 없다."[28] 이것을 QT에 적용해 보면 (나는 이것을 'QT의 삼각형'이라고 부르겠다) 그의 제안이 얼마나 적실한 것인지 금세 알 수 있다.

우선 QT의 생명은 '성령의 임재'에 있다. 우리는 문자로 쓰여진 오늘의 QT 본문 속에서 성령의 임재를 통해, 살았고 운동력 있는 하나님의 음성을 들을 수 있다. 그러나 여기에 머물러서는 안 된다. 성령의 음성을 들으며 묵상만 하고 있다면, 자칫 온실 속의 화초가 될 수 있기 때문이다. 우리는 여호수아처럼 우리에게 임한 말씀을 일상 속에 적용해

야 한다. 물론 이 일이 쉬운 것은 아니다. 저항도 있고 시험과 시련도 겪어야 할지 모른다. 그러나 이렇게 할 때 비로소 우리에게 임한 말씀은 뿌리가 깊어지고, 세상을 변화시키는 하나님의 말씀이 된다. 또한 이런 과정을 통해 비로소 우리는 그리스도의 고난에 실제로 참여하고, 그리스도의 생애에 동참하며, 그리스도를 깊이 닮아 가게 되는 것이다.

그러므로 나는 달라스 윌라드가 제안한 '영적 성장의 황금 삼각형'과 'QT의 삼각형'을 별개의 것으로 여기지 말고 둘을 병행시키되, 새의 양 날개와 같이 여기면 좋겠다고 생각한다.

다섯째, 용기가 부족해서 적용으로 나아가는 발걸음이 주춤거릴 수 있다. 여호수아의 경우를 보라. 그는 40년 광야를 통해 깊은 묵상과 관상을 훈련했고, 구체적인 적용의 예를 가르쳐 주는 말씀들을 소유했으며, 성령의 기름 부으심을 받았음에도 불구하고 여호와께서 그에게 계속적으로 강조하며 권면하신 것이 무엇이었던가? 그것은 "마음을 강하게 하고 담대히 하라"(수 1:6, 7, 9, 18)였다. 요컨대 적용의 요단 강을 건너가는 데는 무엇보다도 강하고 담대한 마음, 용기가 필요하다는 것이다.

---

24) 하워드 & 윌리엄 헨드릭스, 「삶을 변화시키는 성경연구」(디모데, 1995), p. 370.

25) 현용수, 「부모여 자녀를 제자삼아라」(아름다운 세상, 2000), pp. 256~258.

26) Ibid., p. 255.

27) 달라스 윌라드, 「하나님의 모략」(복있는 사람, 2000), p. 460.

28) Ibid., pp. 462~463.

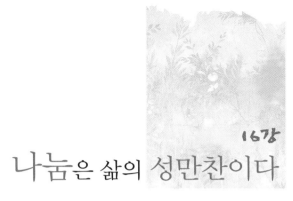

나눔은 삶의 성만찬이다

16강

"최근에 한 여자를 만났는데, 서로 말 한마디 주고받지 않았는데도 나는 그녀를 보자마자 마음이 움직였다. 나는 그녀에게서 심연의 고통과 그녀가 경험한 은혜를 느낄 수 있었다. 그녀가 가진 무언가가 나의 방어벽을 허물었다. 나중에 그 이유를 깨달았다. 그녀는 출산 때 갓난아이를, 그리고 열한 살 난 딸을 암으로 잃은 경력이 있었다. 그녀는 상실로 고통을 받으면서도 자신의 삶을 끌어안기로 선택했다. 그런 경험을 통해 그녀는 특별한 사람이 되어 있었던 것이다."[29]

여기에 인용한 글은 휘트어스대학(Whitworth College) 종교학과 교수로 있는 제럴드 싯처(Gerald L. Sittser)가 끔찍한 사고로 아내와 사랑하는 자녀 그리고 어머니를 한꺼번에 잃은 뒤, 그 상실의 고통을 아우르며 쓴 「하나님 앞에서 울다」(A Grace Disguised)의 한 대목이다. 이 책은 제럴드 싯처의 대표작이며 참으로 인용할 만한 내용이 많은 감동적인 책이다. 그럼에도 특히 위의 내용을 인용한 이유는 그 속에 이 책의 핵심 내용이 한마디로 요약되어 있기 때문이다.

그것은 '심연의 고통과 그녀가 경험한 은혜'를 다룬 부분이다. 왜 제럴드 싯처는 한마디의 대화도 없이 그녀에게서 의미심장한 교감을 느꼈을까? 그것은 제럴드 싯처 역시 자신 안에 '심연의 고통과 그가 경험한 은혜'를 갖고 있었기 때문이다. 그리고 그의 책은 이 한마디를 풀어서 설명한 것에 지나지 않았던 것이다.

그렇다면 이 책의 저자와 같은 심각한 고난과 상실을 겪지 않았음에도, 이 책을 읽는 사람마다 동일한 감동을 경험하는 이유는 무엇일까? 그것은 아마 그리스도인의 일상과 생애의 모든 경험도 알고 보면 정도의 차이가 있을 뿐, 예외 없이 '고통과 그 속에서 경험하는 은혜'의 연속이요 반복이기 때문일 것이다. 이 '고통과 그 속에서 경험하는 은혜'를 좀 더 근원적인 표현으로 말해 본다면, '십자가를 통한 부활의 은혜'라고 할 수 있을 것이다. 그러므로 나는 바로 이 '십자가를 통한 부활의 은혜'가 모든 일상과 생애 속에서 우리를 감동시키고, 위로하고, 격려하고, 새롭게 하는, 생명의 비밀이요 샘이라고 확신한다.

생각해 보라. 누군가의 설교로 감동한 적이 있는가? 누군가의 대화를 통해 깊은 감동을 받은 적이 있는가? 누군가와의 만남이 우리에게 생명을 주었던가? 다시 생각해 보라. 그 이유가 어디에 있었던가? 그것

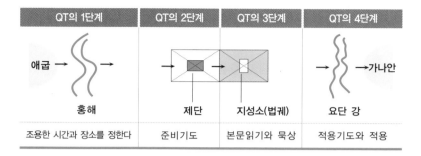

QT의 1단계	QT의 2단계	QT의 3단계	QT의 4단계
애굽 → 홍해	제단	지성소(법궤)	요단 강 → 가나안
조용한 시간과 장소를 정한다	준비기도	본문읽기와 묵상	적용기도와 적용

은 그 대화 속에, 그 만남 속에, 그의 인격과 존재 속에 '십자가를 통한 부활의 은혜'에 관한 간증이 있었기 때문일 것이다.

나는 바로 이것이 우리가 지금 얘기하고자 하는 QT에서의 '나눔'에 대한 정확한 설명이라고 말하고 싶다. 즉 '나눔'이란, 그림의 제4단계에서 보듯 '애굽 → 가나안'이라는, 곤고하고 염려 많은 삶의 여정 속에서 날마다 자기를 부인하고, 성령님이 주시는 말씀을 좇아 살며, 그 은혜로 변화되어 가는 자신의 존재와 삶을 사람들에게 알리는 것이다. 이스라엘이 요단 강을 건너 들어간 예루살렘에서 땅 끝까지 여호와의 구원의 은혜를 전파하듯이 말이다.

이런 의미에서 '나눔'이란 개인적인 골방에서의 QT가 세상과 공동체 속에서 빛과 소금이 되는 사건이요, 예수님이 "내 살을 먹으라, 내 피를 마시라"고 하신 것과 같이, 자신의 마음속에 임한 말씀이 묵상과 적용을 통해 성육화된 것을 다른 이들에게 떼어 주는 것이다.

그래서 내게는 QT에서의 '나눔'이 예수 그리스도의 성만찬의 이미지로 다가온다. 그러나 때때로 자신의 살과 피와 같은 삶의 경험을 다른 사람에게 나누는 것이 쉬운 일은 아니다. 왜냐하면 지금은 그 일들이 이미 주님의 부활의 은혜로 회복되고 치유되었다 할지라도, 그것을 나누기 위해서는 그것이 회복되고 치유되기 이전의 나의 약함과 실패를 드러내는 과정이 요구되기 때문이다.

그럼에도 우리가 진실과 겸손과 용기를 가지고 자신의 약했던 모습과 은혜 속에서 회복된 삶을 나눌 수만 있다면, 그것을 듣는 이들에게 마치 주님의 살과 피를 먹고 마시는 것과 같은 은혜와 생명을 얻게 해줄 것이다.

요컨대 진정한 '나눔'은 또 한 번의 자기부인의 길을 가는 '십자가의 도(道)'인 것이다. 이렇게 자신의 삶을 열어 나누는 것은 개인적으로 볼 때에도 말씀을 듣고 묵상하고 적용하는 차원에서 한 단계 뛰어넘어 사도행전적 증인이 되어 가는 과정이다.

만일 목회자나 선교사가 이러한 증인적 '나눔'을 할 수 있다면, 그것 자체가 설교와 강의 또는 전도가 될 것이다. 실제로 한국에 강해설교의 붐을 일으키며 엄청난 영향력을 끼쳤던 데니스 레인(Denis Lane) 목사의 '강해설교 세미나' 강의안은 그의 QT 노트였다. 또한 이 시대의 탁월한 설교자 중 한 사람으로 인정받고 있는 온누리교회 하용조 목사는 자신의 설교를 한마디로 'QT 설교'라고 정의한다.

한편 일반 성도들이 이러한 증인적 '나눔'을 하게 된다면, 그것은 변화된 삶 자체로 전도하는 '생활전도'나 "모든 지혜로 피차 가르치며 권면"해(골 3:16) 공동체의 덕을 세우는 성숙한 대화가 될 것이다.

그런데 오랫동안 체면문화 속에 살아왔고, 모이기만 하면 다른 이들을 비평하는 대화(gossip)에 익숙한 우리로서는, 자신의 약함을 드러내며 그리스도의 십자가와 부활의 은혜 속에서 변화되고 있는 자신의 삶을 열어 보이는 '나눔'이 결코 쉽지만은 않다는 데 문제가 있다.

이런 의미에서 최근 각 교회마다 활성화되고 있는 QT 나눔방은 위에서 말한 기존의 한국 교회의 풍토를 극복하고, 하나님의 말씀을 중심으로 자신의 삶을 나누는, 참된 교제의 공동체가 회복되고 있다는 신호탄인 것이다.

이제 말씀을 듣기 위한 준비의 시간부터, 말씀을 통한 삶의 변화를 나누는 과정에 이르기까지, QT의 긴 여정을 마칠 때가 되었다. 이 여정이 삶 속에서 날마다 일어남으로 모두가 성숙한 신앙인으로 성장할 수 있기를 바란다.

---

24) 제럴드 싯처, 「하나님 앞에서 울다」(좋은씨앗, 2003), p. 138.

QT조감도

① 준비기도

a. '나의 원'이 무엇인지 자각하고 의식화함
b. 자기부인의 기도('나의 원'대로 마옵시고)
c. 유보 없는 헌신의 기도('아버지 원'대로 하옵소서)
d. 성령의 임재와 인도를 구하는 기도(지성소 안으로)

좁고 편협한 '나의 원'을 깊이 능하시며 지혜로우신 '아버지의 원'의 처분(정화, 확증, 보류, 거절, 새로운 뜻)에 맡김(시 37:4~6 참조)

② 본문	③ 본문 읽기	④ 묵상	⑤ 적용
요한복음 10:1~5		깨달음, 의문, 느낌에 관하여	
1 내가 진실로 진실로 너희에게 이르노니 양의 우리에 문으로 들어가지 아니하고 다른 데로 넘어가는 자는 절도며 강도요 2 문으로 들어가는 이가 양의 목자라 3 문지기는 그를 위하여 문을 열고 양은 그의 음성을 듣나니 그가 자기 양의 이름을 각각 불러 인도하여 내느니라 4 자기 양을 다 내어 놓은 후에 앞서 가면 양들이 그의 음성을 아는 고로 따라오되 5 타인의 음성은 알지 못하는 고로 타인을 따르지 아니하고 도리어 도망하느니라	❶ 말씀이 마음속에 스며들도록 본문을 천천히 음미하며 2~3회 읽는다. ❷ 성령님이 주시는 깨달음, 의문, 느낌을 찾는다(실마리, 종자). ❸ 이스라엘 백성이 광야에서 구름기둥, 불기둥만 따라갔던 것처럼 성령님이 감동을 주시는 곳에서 머문다.	❶ 기록한다. ❷ 기록한 내용을 깊이 생각하며 마음속으로 느낀다. ❸ 성령님과 대화한다. ❹ 상상력을 활용한다. ❺ 하나님의 임재 속에서 평화롭게 머물며 안식(contemplation)한다.	❶ 개인적으로 (personal) ❷ 구체적으로 (practical) ❸ 가능한 것을 (possible) – 롬 12:3 ❹ 인내심을 갖고 한다 (patient) – 눅 8:15

⑥ 적용기도

'오늘 내게 주신 말씀'을 잘 적용할 수 있도록 지혜와 기도, 그리고 능력과 용기를 구하며 오늘 하루를 전폭적으로 주님께 맡기는 기도(요 15:7 참조)

⑦ 나눔

나눔이란 QT를 하는 가운데 하나님이 내게 무엇이라고 말씀하셨고, 그 말씀으로 인해 나는 이렇게 변했다는 것을 다른 사람들에게 말하는 것이다. 또한 이 나눔은 증인적 삶으로 하나님께 영광을 돌리고 공동체의 덕을 세우는 과정이다.

나눔의 유익

1) 지나치게 주관적으로 치우치는 것을 방지한다.
2) 타인이 깨달은 바를 공유한다.
3) 자기 정리가 된다.
4) 중보기도를 할 수 있게 된다.
5) QT의 지속성을 갖게 된다.
6) 영적인 도전을 받게 된다.
7) 사역의 비전을 갖게 된다.

"오직 하나님이
성령으로 이것을 우리에게 보이셨으니
성령은 모든 것 곧 하나님의 깊은 것이라도
통달하시느니라"(고전 2:10)